EDUCACIÓN FUNDAMENTAL

APRENDA A PENSAR, NO QUÉ PENSAR

EDUCACIÓN FUNDAMENTAL

APRENDA A PENSAR, NO QUÉ PENSAR

SAMAEL AUN WEOR

Buddha Maitreya Kalki Avatara De La Nueva Era Acuariana

SEGUNDA EDICIÓN

GNOSTICLIBRARY.ORG

EDUCACIÓN FUNDAMENTAL

Segunda Publicación 1970

Republicado © 2021 Gnostic Library LLC

Republicado por Gnostic Library LLC (USA)

PO Box 231076

Las Vegas, NV 89123-9998

ISBN 978-1-7923-5886-9

books@gnosticlibrary.org

www.gnosticlibrary.org

TABLA DE CONTENIDO

*"En esta obra se nos enseña
en forma casi objetiva
el modo de Pensar,
por medio de la investigación,
el análisis, la comprensión y la meditación."*

- Samael Aun Weor

PREFACIO

"Educación Fundamental" es la ciencia que nos permite descubrir nuestra relación con los seres humanos, con la naturaleza, con todas las cosas. Por medio de esta ciencia conocemos el funcionamiento de la mente porque la mente es el instrumento del conocimiento y debemos aprender a manejar ese instrumento, que es el núcleo básico del yo psicológico.

En esta obra se nos enseña en forma casi objetiva el modo de Pensar, por medio de la investigación, el análisis, la comprensión y la meditación.

Nos informa, cómo mejorar los recuerdos de la memoria valiéndonos siempre de tres factores: sujeto, objeto y lugar; la memoria la mueve el interés, de manera que hay que ponerle interés a lo que se estudia para que se grabe en la memoria. La memoria mejora por medio del proceso de la transmutación alquímica que poco a poco irán conociendo los estudiantes que se interesen por su mejoramiento personal.

Para los occidentales el estudio comienza a los 6 años, o sea, cuando se estima que tienen uso de razón; para los orientales, sobre todo los hindúes, la educación comienza desde la gestación; para los Gnósticos desde los amoríos, es decir, antes de la concepción.

La educación futura abarcará dos fases: una a cargo de los padres y otra a cargo de los maestros. La educación futura pondrá a los educandos en el Divino conocimiento de aprender a ser padres y madres. La mujer lo que requiere es protección, amparo, por ello la niña se apega más al padre cuando niña porque lo ve más fuerte y vigoroso; el niño requiere amor, cuidado, mimos, por ello el niño se apega más a la madre por instinto natural. Más tarde, cuando se pervierten los sentidos de ambos, la mujer busca un buen partido o también un hombre que la quiera, cuando ella es la que debe dar amor, y, el varón busca una mujer que tenga medios para vivir o que tenga una profesión; para otros predomina la cara y formas corporales para sus sentidos.

Sorprende ver los textos escolares, cada obra con miles de preguntas, que el autor contesta por escrito para que los alumnos se las aprendan de memoria, la infiel memoria es la depositaría del conocimiento que con tanto empeño estudian los jóvenes, esa educación enteramente materialista los capacita para ganarse la vida cuando terminan los estudios, pero de la vida en la cual van a vivir nada saben, a ella entran ciegos, ni siquiera se les enseñó a reproducir la especie en forma enaltecida, esa enseñanza está a cargo de los malandrines, a la sombra de la impudicia.

Se requiere que el joven comprenda que la simiente que produce el organismo humano, es el factor más importante para la vida del hombre (especie), es bendita y, por consiguiente, el mal uso de ella dañara su propia progenie. En los altares de la Iglesia Católica se guarda en el Sagrario con suma veneración la hostia como representativa del cuerpo de Cristo, esa Sagrada figura; está formada por la simiente del trigo. En el altar vivo, o sea, nuestro cuerpo físico, nuestra simiente ocupa el puesto de la sagrada hostia de la cristiandad que sigue al Cristo Histórico; en nuestra propia simiente guardamos el Cristo en sustancia los que seguimos al Cristo vivo que vive y palpita en el fondo mismo de nuestra propia simiente.

Con sumo interés vemos que los agrónomos que tienen a su cargo el conocimiento de las plantas que sirven al hombre, enseñan a los campesinos a guardar respeto por la semilla que riegan en los campos, vemos que han mejorado la calidad de las simientes para producir mejores cosechas, guardando en grandes silos las existencias de cereales, para que no se pierdan las semillas que con tanto empeño produjeron. Vemos como los veterinarios, a cuyo cargo está el manejo de la vida de los animales, han logrado producir reproductores o sementales cuyo costo es cien veces mayor al producto de la carne, lo cual indica que es la simiente que producen, el motivo de tan elevado costo. Sólo la medicina oficial, a cuyo cuidado está la especie humana, nada nos dice sobre la mejora de la simiente; nosotros lamentamos positivamente esta demora e informamos a nuestros lectores que la simiente humana es la más fácil de mejorar, mediante el uso permanente de tres alimentos básicos: por medio de lo que pensamos, lo que respiramos y lo que comemos. Si sólo pensamos en vaguedades, en cosas insulsas, sin importancia así será la simiente que producimos porque el pensamiento es determinante para dicha producción. El joven que estudia difiere del que no recibe educación en aspecto y presencia, hay cambio en la personalidad; El hecho de respirar cervezas digeridas en los bares y cantinas, determina sobre la vida de los parroquianos que frecuentan esos lugares: Las gentes que se alimentan de pasteles, cerdo, cerveza, picantes, alcohol y alimentos afrodisíacos, viven una vida pasionaria que los conduce a la fornicación. Todo animal fornicario es hediondo: burros, cerdos, cabras y hasta las aves de corral a pesar de ser aves, como lo es el gallo casero. Fácilmente se puede apreciar la diferencia que existe entre los fornicarios y los que el hombre hace castos a la fuerza para explotarlos, obsérvese las gónadas del caballo de carrera a la de los caballos de carga, entre los toros de lidia y los sementales que a diario salen por la prensa, el berraco o cerdo semental, aún en animales pequeños como la rata que es tremendamente pasionario y siempre su aspecto es repugnante, igual cosa pasa en el varón fornicario que cubre su pestilencia con desodorantes y perfumes. Cuando el hombre se hace casto, puro y santo, en pensamiento, palabra y obra, recupera la infancia perdida, se embellece en cuerpo y alma y su cuerpo no transpira fetidez.

¿Cómo se logra la educación prenatal? Esto sucede entre parejas que siguen la castidad, es decir, que no pierden jamás su simiente en la displicencia y el placer efímero, así: Los esposos quieren brindarle cuerpo a un nuevo ser, se ponen de acuerdo y piden al Cielo sean guiados para el acontecimiento de la fecundación, luego en actitud permanente de amor conviven alegres y festivos, aprovechan la época en que la naturaleza es más pródiga, tal como lo hacen los campesinos para sembrar, usan el proceso de la transmutación alquímica juntándose como marido y mujer, lo cual permite la escapada de un espermatozoide fuerte y vigoroso, mejorado por las prácticas antes conocidas y se logra por este medio el acontecimiento de la divina concepción, una vez que la mujer perciba que está embarazada, se aparta del varón, es decir, la vida conyugal termina, esto lo debe hacer fácilmente el varón casto porque está lleno de gracia y poder sobrehumanos, por todos los medios le hace grata la vida a su esposa para que ella no recurra a la molestia ni cosas parecidas porque todo ello repercute sobre el feto que se está gestando, si esto causa daño ¿qué no será el ayuntamiento que en forma libidinosa practican las gentes que no han recibido nunca un consejo en este sentido? Lo cual da motivos para que muchos niños sientan pasiones terribles desde temprana edad y ruboricen a sus madres en forma escandalosa. La madre sabe que está dándole vida a un nuevo ser el cual guarda en su Templo Vivo, como una joya preciosa, dándole con sus oraciones y pensamientos bellas formas que enaltecerán a la nueva criatura, luego viene el acontecimiento del nacimiento sin dolor; en forma sencilla y natural para gloria de sus padres. La pareja guarda una dieta que generalmente es de cuarenta días hasta que vuelva a su puesto la matriz que sirvió de cuna al nuevo ser; sabe el varón que a la mujer que cría al hijo debe mimarla y contemplarla, con caricias sanas pues cualquier forma pasionaria violenta repercute en los senos de la madre y traen obstrucciones en los canales por donde fluye el precioso líquido que le dará vida, al hijo de sus entrañas, la mujer que quiera poner en práctica esta enseñanza observará que desaparece la vergüenza de tener que operar los senos por permanentes obstrucciones. Donde hay castidad hay amor y obediencia, los hijos se levantan en forma natural y todo mal desaparece, así comienza esta educación fundamental para la preparación de la personalidad del nuevo ser que ya irá al colegio capacitado para seguir la educación que le permitirá convivir y más tarde ganarse por sí sólo el pan de cada día.

En los primeros 7 años forma el niño su propia personalidad de manera que son tan importantes como los meses de la gestación y lo que se espera de un ser traído en semejantes condiciones es algo que ni siquiera sospechan los humanos.

La inteligencia es un atributo del Ser, tenemos que conocer al Ser.

El Yo no puede conocer la Verdad porque la Verdad no pertenece al tiempo y el Yo sí.

El miedo y el temor dañan la libre iniciativa. La iniciativa es creadora, el temor es destructivo.

Analizando todo y meditando, despertamos la conciencia dormida.

La verdad es lo desconocido de instante en instante, ella nada tiene que ver con lo que uno crea o no crea; la verdad es cuestión de experimentar, vivenciar, comprender.

JULIO MEDINA VIZCAÍNO

S.S.S.

CAPÍTULO I

LA LIBRE INICIATIVA

Millones de estudiantes de todos los países del mundo entero van diariamente a la Escuela y a la Universidad en forma inconsciente, automática, subjetiva, sin saber por qué, ni para qué.

Los estudiantes son obligados a estudiar Matemáticas, Física, Química, Geografía, etc.

La mente de los estudiantes está recibiendo información diaria pero jamás en la vida se detienen un momento a pensar el porqué de esa información, el objetivo de esa información.

¿Por qué nos llenamos de esa información? ¿Para qué nos llenamos de esa información?

Los estudiantes viven realmente una vida mecanicista y sólo saben que tienen que recibir información intelectual y conservarla almacenada en la memoria infiel, eso es todo.

A los estudiantes no se les ocurre pensar jamás sobre lo que realmente es esta educación, van a la escuela, al colegio o a la universidad porque sus padres los mandan y eso es todo.

Ni a los estudiantes, ni a las maestros o maestras se les ocurre alguna vez preguntarse a sí mismos: ¿Por qué estoy aquí? ¿A qué he venido aquí? ¿Cuál es realmente el verdadero motivo secreto que me trae aquí?

Maestros, maestras, estudiantes varones y estudiantes de sexo femenino, viven con la conciencia dormida, actúan como verdaderos autómatas, van a la escuela, al colegio y a la universidad en forma inconsciente, subjetiva, sin saber realmente nada del por qué, o del para qué.

Es necesario dejar de ser autómatas, despertar conciencia, descubrir por sí mismos qué es esta lucha tan terrible por pasar exámenes, por estudiar, por vivir en determinado lugar para estudiar diariamente y pasar el año y sufrir sustos, angustias, preocupaciones, practicar deportes, pelearse con los compañeros de escuela, etc., etc., etc.

Los maestros y maestras deben volverse más conscientes a fin de cooperar desde la escuela, el colegio o la universidad ayudando a los estudiantes a despertar conciencia.

Es lamentable ver a tantos AUTÓMATAS sentados en los bancos de las escuelas, colegios y universidades, recibiendo información que deben conservar en la memoria sin saber por qué ni para qué.

Los muchachos sólo se preocupan por pasar año; se les ha dicho que deben prepararse para ganarse la vida, para conseguir empleo, etc. Y ellos estudian formándose mil fantasías en la mente con respecto al futuro, sin conocer realmente el presente, sin saber el verdadero motivo por el cual deben estudiar física, química, biología, aritmética, geografía, etc.

Las niñas modernas estudian para tener la preparación que les permita conseguirse un buen marido, o para ganarse la vida y estar debidamente preparadas para el caso de que el marido les abandone, o de que se queden viudas o solteronas.

Puras fantasías en la mente porque realmente ellas no saben cuál ha de ser su porvenir ni a qué edad han de morir.

La vida en la escuela está muy vaga, muy incoherente, muy subjetiva, al niño se le hace aprender a veces ciertas materias que en la vida práctica no sirven para nada.

Hoy en día lo importante en la escuela es pasar año y eso es todo.

En otros tiempos había por lo menos algo más de ética en esto de pasar año. Ahora no hay tal ÉTICA. Los padres de familia pueden sobornar en mucho secreto al maestro o a la maestra y el muchacho o la muchacha aun cuando sea un PÉSIMO ESTUDIANTE, pasará año INEVITABLEMENTE.

Las muchachas de la escuela suelen hacerle la barba al maestro con el propósito de PASAR AÑO y el resultado suele ser maravilloso, aun cuando no hayan comprendido ni "J" de lo que enseña el maestro, de todas maneras, salen bien en los EXÁMENES y pasan el año.

Hay muchachos y muchachas muy listos para pasar año. Esto es cuestión de astucia en muchos casos.

Un muchacho que pasa victorioso cierto examen (algún estúpido examen) no significa que tenga conciencia objetiva verdadera, sobre aquella materia en la cual fue examinado.

El estudiante repite como loro, cotorro o papagayo y en forma mecánica aquella materia que estudió y en la cual fue examinado.

Eso no es estar AUTO-CONSCIENTE de aquella materia, eso es memorizar y repetir como loros o cotorros lo que hemos aprendido y eso es todo.

Pasar exámenes, pasar año, no significa SER MUY INTELIGENTE. En la vida práctica hemos conocido personas muy inteligentes que en la escuela jamás salieron bien en los exámenes.

Nosotros hemos conocido magníficos escritores y grandes matemáticos que en la escuela fueron pésimos estudiantes y que jamás pasaron bien los exámenes en gramática y matemáticas.

Sabemos del caso de un estudiante pésimo en ANATOMÍA y que sólo después de mucho sufrir pudo salir bien en los exámenes de ANATOMÍA. Hoy en día dicho estudiante es autor de una gran obra sobre ANATOMÍA.

Pasar año no significa necesariamente ser muy inteligente. Hay personas que jamás han pasado un año y que son muy inteligentes.

Hay algo más importante que pasar año, hay algo más importante que estudiar ciertas materias y es precisamente tener plena conciencia OBJETIVA clara y luminosa sobre aquellas materias que se estudian.

Los maestros y maestras deben esforzarse para ayudar a los estudiantes a despertar conciencia; todo el esfuerzo de los maestros y maestras debe dirigirse a la conciencia de los estudiantes. Es URGENTE que los estudiantes se hagan plenamente AUTO-CONSCIENTES de aquellas materias que estudian.

Aprender de memoria, aprender cómo loros, es sencillamente ESTÚPIDO en el sentido más completo de la palabra.

Los estudiantes se ven obligados a estudiar difíciles materias y a almacenarlas en su memoria para "PASAR AÑO" y después en la vida práctica dichas materias no sólo resultan inútiles, sino que también se olvidan porque la memoria es infiel.

Los muchachos estudian con el propósito de conseguir, empleo y ganarse la vida y más tarde si tienen suerte de conseguir el tal empleo, si se hacen profesionales, médicos, abogados, etc., lo único que consiguen es repetir la misma historia de siempre, se casan, sufren, tienen hijos y mueren sin haber despertado conciencia, mueren sin haber tenido conciencia de su propia vida. Eso es todo.

Las muchachas se casan, forman sus hogares, tienen hijos, se pelean con los vecinos, con el marido, con los hijos, se divorcian y se vuelven a casar, enviudan, se vuelven viejas, etc. y al fin mueren después de haber vivido DORMIDAS, INCONSCIENTES, repitiendo como siempre el mismo DRAMA DOLOROSO de la existencia.

NO quieren los MAESTROS y MAESTRAS de escuela darse cuenta cabal de que todos los seres humanos tienen la conciencia dormida. Es urgente que los maestros de escuela también despierten para que puedan despertar a los estudiantes.

De nada sirve llenarnos la cabeza de teorías y más teorías y de citar al Dante, a Homero; a Virgilio, etc., si tenemos la conciencia dormida, si no tenemos conciencia objetiva, clara y perfecta sobre nosotros mismos, sobre las materias que estudiamos, sobre la vida práctica.

¿De qué sirve la educación si no nos hacemos creadores, conscientes, inteligentes de verdad?

La educación verdadera no consiste en saber leer y escribir. Cualquier mentecato, cualquier tonto puede saber leer y escribir.

Necesitamos ser INTELIGENTES y la INTELIGENCIA sólo despierta en nosotros cuando despierta la CONCIENCIA.

La humanidad tiene un noventa y siete por ciento de SUBCONSCIENCIA y tres por ciento de CONCIENCIA.

Necesitamos despertar la CONCIENCIA, necesitamos convertir al SUBCONSCIENTE en CONSCIENTE. Necesitamos tener un ciento por ciento de conciencia.

El ser humano no sólo sueña cuando su cuerpo físico duerme, sino que también sueña cuando su cuerpo físico no duerme, cuando está en estado de vigilia.

Es necesario dejar de soñar, es necesario despertar conciencia y ese proceso del despertar debe comenzar desde el hogar y desde la escuela.

El esfuerzo de los maestros debe dirigirse a la CONCIENCIA de los estudiantes y no únicamente a la memoria.

Los estudiantes deben aprender a pensar por sí mismos y no únicamente a repetir como loros o cotorros las teorías ajenas.

Los maestros deben luchar por acabarle el miedo a los estudiantes.

Los maestros deben permitirles a los estudiantes, la libertad de disentir y criticar sanamente y en forma constructiva todas las teorías que estudian.

Es absurdo obligarles a aceptar en forma DOGMÁTICA todas las teorías que se enseñan en la escuela, el colegio o la universidad.

Es necesario que los estudiantes abandonen el miedo para que aprendan a pensar por sí mismos. Es urgente que los estudiantes abandonen el miedo para que puedan analizar las teorías que estudian.

El miedo es una de las barreras para la inteligencia. El estudiante con miedo NO se atreve a disentir y acepta como artículo de FE CIEGA, todo lo que digan los distintos autores.

De nada sirve que los maestros hablen de intrepidez si ellos mismos tienen miedo. Los maestros deben estar libres del temor. Los maestros que temen a la crítica, al qué dirán, etc., NO pueden ser verdaderamente inteligentes.

El verdadero objetivo de la educación debe ser acabar con el miedo y despertar conciencia.

¿De qué sirve pasar exámenes si continuamos miedosos e inconscientes?

Los maestros tienen el deber de ayudar a los estudiantes desde los bancos de la escuela para que sean útiles en la vida, pero mientras exista el miedo nadie puede ser útil en la vida.

La persona llena de temor no se atreve a disentir de la opinión ajena. La persona llena de temor no puede tener libre iniciativa.

Es función de todo maestro, evidentemente, la de ayudar a todos y cada uno de los alumnos de su escuela a estar completamente libres del miedo, a fin de que puedan actuar en forma espontánea sin necesidad de que se les diga, de que se les mande.

Es urgente que los estudiantes dejen el miedo para que puedan tener libre iniciativa espontánea y creadora.

Cuando los estudiantes por iniciativa propia, libre y espontánea puedan analizar y criticar libremente aquellas teorías que estudian, dejarán entonces de ser meros entes mecánicos, subjetivos y estúpidos.

Es urgente que exista la libre iniciativa para que surja la inteligencia creadora en los alumnos y alumnas.

Es necesario darle libertad de EXPRESIÓN CREADORA espontánea y sin condicionamiento de ninguna especie, a todos los alumnos y alumnas a fin de que puedan hacerse conscientes de aquello que estudian.

El libre poder creativo sólo puede manifestarse cuando no tenemos miedo a la crítica, al que dirán, a la férula del maestro, a las reglas, etc. etc. etc.

La mente humana está degenerada por el miedo y el dogmatismo y se hace URGENTE regenerarla mediante la libre iniciativa espontánea y libre de miedo.

Necesitamos hacernos conscientes de nuestra, propia vida y ese proceso del despertar debe comenzar desde los mismos bancos de la escuela.

De poco nos habrá servido la escuela si salimos de ella inconscientes y dormidos.

La abolición del miedo y la libre iniciativa dará origen a la acción espontánea y pura.

Por libre iniciativa los alumnos y alumnas deberían tener derecho en todas las escuelas a discutir en asamblea todas las teorías que están estudiando.

Sólo así mediante la liberación del temor y la libertad de discutir, analizar, MEDITAR, y criticar sanamente lo que estemos estudiando, podemos hacernos conscientes de esas materias y no meramente loros o cotorros que repiten lo que acumulan en la memoria.

CAPÍTULO II

LA IMITACIÓN

Está ya totalmente demostrado que el MIEDO impide la libre INICIATIVA. La mala situación económica de millones de personas, se debe fuera de toda duda a eso que se llama MIEDO.

El niño atemorizado busca a su querida madrecita y se apega a ella en busca de seguridad. El esposo atemorizado se apega a su esposa y siente que la ama mucho más. La esposa atemorizada busca a su marido y a sus hijos y siente amarlos mucho más.

Desde el punto de vista psicológico resulta muy curioso e interesante saber que el temor suele a veces disfrazarse con la ropa del AMOR.

La gente que internamente tiene muy pocos VALORES ESPIRITUALES, la gente internamente pobre, busca siempre fuera algo para completarse.

La gente internamente pobre vive siempre intrigando, siempre en tonterías, chismografías, placeres bestiales, etc.

La gente internamente pobre vive de temor en temor y como es natural, se apega al marido, a la mujer, a los padres, a los hijos, a las viejas tradiciones caducas y degeneradas, etc. etc. etc.

Todo viejo enfermo y pobre en lo PSICOLÓGICO está por lo común lleno de miedo y se aterra con ansia infinita al dinero, a las tradiciones de familia, a los nietos, a sus recuerdos, etc. como buscando seguridad. Esto es algo que, todos podemos evidenciar observando cuidadosamente a los ancianos.

Cada vez que las gentes tienen miedo se esconden tras el escudo protector de la RESPETABILIDAD. Siguiendo una tradición, ya sea de raza, ya de familia, nación, etc. etc. etc.

Realmente toda tradición es una mera repetición sin sentido alguno, hueca, sin valor verdadero.

Todas las personas tienen una marcada tendencia a IMITAR lo ajeno. Eso de IMITAR es producto del MIEDO.

La gente con miedo IMITA a todos aquellos a quienes se apega. Imita al marido, a la esposa, a los hijos, a los hermanos, a los amigos que le protegen, etc. etc. etc.

LA IMITACIÓN es el resultado del MIEDO. La IMITACIÓN destruye totalmente la LIBRE INICIATIVA.

En las escuelas, en los colegios, en las universidades, los maestros y maestras cometen el error de enseñarles a los estudiantes varones y mujeres, eso que se llama IMITACIÓN.

En las clases de pintura y dibujo sé les enseña a los alumnos a copiar, a pintar imágenes de árboles, casas, montañas, animales, etc. Eso no es crear. Eso es IMITAR, FOTOGRAFIAR.

Crear no es IMITAR. Crear no es FOTOGRAFIAR. Crear es traducir, transmitir con el pincel y a lo vivo el árbol que nos encanta, la bella puesta de sol, el amanecer con sus inefables melodías, etc. etc.

Hay creación verdadera en el arte CHINO Y JAPONÉS DEL ZEN, en el arte abstracto y Semi-Abstracto.

A cualquier pintor chino del CHAN y del ZEN no les interesa IMITAR, fotografiar.

Los pintores de China y Japón: gozan creando y volviendo nuevamente a crear.

Los pintores del ZEN y del CHAN, no imitan, CREAN y ese es su trabajo.

A los pintores de CHINA y JAPÓN no les interesa pintar o fotografiar a una bella mujer, ellos gozan transmitiendo su belleza abstracta.

Los pintores de CHINA y JAPÓN no imitarían jamás una bella puesta de sol, ellos gozan transmitiendo en belleza abstracta todo el encanto del ocaso.

Lo importante no es IMITAR, copiar en negro o en blanco; lo importante es sentir la honda significación de la belleza y saberla transmitir, pero para ello se necesita que no haya miedo, apego a las reglas, a la tradición, o temor al qué dirán o al regaño del maestro.

Es URGENTE que los maestros y maestras comprendan la necesidad de que los alumnos y alumnas desarrollen el poder creador.

A todas luces resulta absurdo enseñar a los estudiantes a IMITAR. Es mejor enseñarles a crear.

El ser humano desgraciadamente es un autómata dormido inconsciente, que sólo sabe IMITAR.

Imitamos la ropa ajena y de esa imitación salen las distintas corrientes de la moda.

Imitamos las costumbres ajenas aun cuando estás estén muy equivocadas.

Imitamos los vicios, imitamos todo lo que es absurdo, lo que siempre se vive repitiendo en el tiempo, etc.

Es necesario que los MAESTROS Y MAESTRAS de escuela enseñen a los estudiantes a pensar por sí mismos en forma independiente.

Los Maestros deben ofrecerles a los estudiantes todas las posibilidades para que dejen de ser AUTÓMATAS IMITATIVOS.

Los maestros deben facilitar a los estudiantes las mejores oportunidades para que estos desarrollen el poder creador.

Es URGENTE que los estudiantes conozcan la verdadera libertad, para que sin temor alguno puedan aprender a pensar por sí mismos, libremente.

La mente que vive esclava del "QUÉ DIRÁN", la mente que IMITA, por temor a violar las tradiciones, las reglas, las costumbres, etc. No es mente creadora, no es mente libre.

La mente de las gentes es como casa cerrada y sellada con siete sellos, casa donde nada nuevo puede ocurrir, casa donde no entra el sol, casa donde sólo reina la muerte y el dolor.

Lo NUEVO sólo puede ocurrir donde no hay miedo, donde no existe IMITACIÓN, donde no existen apegos a las cosas, a los dineros, a las personas, a las tradiciones, a las costumbres, etc.

Las gentes viven esclavas de la intriga, de la envidia, de las costumbres de familia, de los hábitos, del deseo insaciable de ganar posiciones, escalar, subir, trepar al tope de la escalera, hacerse sentir, etc. etc.

Es URGENTE que los MAESTROS y MAESTRAS les enseñen a sus estudiantes varones y mujeres, la necesidad de no IMITAR todo este orden caduco y degenerado de cosas viejas.

Es URGENTE que los ALUMNOS aprendan en la escuela a crear libremente a pensar libremente, a sentir libremente.

Los alumnos y alumnas pasan lo mejor de su vida en la escuela adquiriendo INFORMACIÓN y, sin embargo, no les queda tiempo para pensar en todas estas cosas.

Diez o quince años en la escuela viviendo vida de autómatas inconscientes y salen de la escuela con la conciencia dormida, pero ellos salen de la escuela creyéndose muy despiertos.

La mente del ser humano vive embotellada entre ideas conservadoras y reaccionarias.

El ser humano no puede pensar con verdadera libertad porque está lleno de MIEDO.

El ser humano tiene MIEDO a la vida, MIEDO a la muerte, MIEDO al qué dirán, al dice que se dice, a la chismografía, a perder el empleo, a violar los reglamentos, a que alguien le quite el cónyuge o le robe la cónyuge, etc., etc., etc.

En la escuela se nos enseña a IMITAR y salimos de la escuela convertidos en IMITADORES.

No tenemos libre INICIATIVA porque desde los bancos de la escuela se nos enseñó a IMITAR.

La gente IMITA por miedo a lo que la otra gente pueda decir, los alumnos y alumnas IMITAN debido a que los MAESTROS tienen realmente aterrorizados a los pobres estudiantes, se les amenaza a cada instante, se les amenaza con una mala calificación, se les amenaza con determinados castigos, se les amenaza con la expulsión, etc.

Si realmente queremos volvernos creadores en el más completo sentido de la palabra, debemos hacernos conscientes de toda esa serie de IMITACIONES que desgraciadamente nos tienen atrapados.

Cuando ya somos capaces de conocer toda la serie de IMITACIONES, cuando ya hemos analizado detenidamente cada una de las IMITACIONES, nos hacemos conscientes de ellas y como consecuencia lógica, nace entonces en nosotros en forma espontánea, el poder de crear.

Es necesario que los alumnos y alumnas de la escuela, el colegio o la universidad, se liberen de toda IMITACIÓN a fin de que se tornen creadores de verdad.

Se equivocan los maestros y maestras que suponen equivocadamente que los alumnos y alumnas necesitan de IMITAR para aprender. El que IMITA no aprende, el que IMITA se convierte en un AUTÓMATA y eso es todo.

No se trate de IMITAR lo que digan los autores de geografía, física, aritmética, historia, etc. IMITAR, MEMORIZAR, repetir como cotorros o loros, es estúpido, mejor es COMPRENDER CONSCIENTEMENTE lo que estamos estudiando.

LA EDUCACIÓN FUNDAMENTAL es la CIENCIA DE LA CONCIENCIA, la ciencia que nos permite descubrir nuestra relación con los seres humanos, con la naturaleza, con todas las cosas.

La mente que sólo sabe IMITAR es MECÁNICA, es una máquina que funciona, NO es creadora, no es capaz de crear, no piensa realmente, sólo repite y eso es todo.

Los maestros y maestras deben preocuparse por el despertar de la CONCIENCIA en cada estudiante.

Los alumnos y alumnas sólo se preocupan por pasar año y después... ya fuera de la escuela, en la vida práctica, se convierten en empleaditos de oficina o maquinitas de hacer niños.

Diez o quince años de estudios para salir convertidos en autómatas parlantes, las materias estudiadas se van olvidando poco a poco y al fin no queda nada en la memoria.

Si los estudiantes hicieran CONCIENCIA de las materias estudiadas, si su estudio no se basara únicamente en la INFORMACIÓN, la IMITACIÓN y la MEMORIA, otro GALLO les cantara. Saldrían de la escuela con conocimientos CONSCIENTES, INOLVIDABLES, COMPLETOS, que no estarían sometidos a la INFIEL MEMORIA.

LA EDUCACIÓN FUNDAMENTAL ayudará a los estudiantes despertándoles la CONCIENCIA y la INTELIGENCIA.

LA EDUCACIÓN FUNDAMENTAL lleva a los jóvenes por el camino de la REVOLUCIÓN VERDADERA.

Los alumnos y alumnas deben insistir para que los MAESTROS y MAESTRAS les den la VERDADERA EDUCACIÓN, la EDUCACIÓN FUNDAMENTAL.

No es suficiente que los alumnos y alumnas se sienten en los bancos de la escuela para recibir información de algún rey o de alguna guerra, se necesita algo más, se necesita la EDUCACIÓN FUNDAMENTAL para despertar CONCIENCIA.

ES URGENTE que los alumnos salgan de la escuela maduros, CONSCIENTES de verdad, INTELIGENTES, para que no se conviertan en simples piezas automáticas de la maquinaria social.

CAPÍTULO III

LAS AUTORIDADES

El gobierno posee AUTORIDAD, el ESTADO posee AUTORIDAD. La policía, la ley, el soldado, los padres de familia, los maestros, los guías religiosos, etc., poseen AUTORIDAD.

Existen dos tipos de AUTORIDAD:

- Primera: AUTORIDAD SUBCONSCIENTE.
- Segunda: AUTORIDAD CONSCIENTE.

De nada sirven las AUTORIDADES INCONSCIENTES o SUBCONSCIENTES. Necesitamos con URGENCIA AUTORIDADES AUTOCONSCIENTES.

Las AUTORIDADES INCONSCIENTES o SUBCONSCIENTES han llenado el mundo de lágrimas y dolor.

En el hogar y en la escuela las AUTORIDADES INCONSCIENTES abusan de la AUTORIDAD por el hecho mismo de ser INCONSCIENTES o SUBCONSCIENTES.

Los padres y maestros inconscientes, hoy por hoy, sólo son ciegos guías de ciegos y como dicen las sagradas escrituras, irán todos a parar de cabeza al abismo.

Padres y maestros inconscientes nos obligan durante la infancia a hacer cosas absurdas pero que ellos consideran lógicas. Dicen que eso es para nuestro bien.

Los padres de familia son AUTORIDADES INCONSCIENTES como lo demuestra el hecho de tratar a los hijos como basura, como si ellos fueran seres superiores a la especie humana.

Los maestros y maestras resultan odiando a determinados alumnos o alumnas, y mimando o consintiendo a otros. A veces castigan severamente a cualquier estudiante odiado aun cuando este último no sea un perverso y premian con magníficas calificaciones a muchos alumnos o alumnas consentidas que verdaderamente no se las merecen.

Padres de familia y maestros de escuela dictan normas equivocadas para los niños, niñas, jóvenes, señoritas, etc.

Las AUTORIDADES que no tienen AUTOCONCIENCIA sólo cosas absurdas pueden hacer.

Necesitamos AUTORIDADES AUTO-CONSCIENTES. Entiéndese por AUTOCONCIENCIA el CONOCIMIENTO ÍNTEGRO DE SÍ MISMO, el total conocimiento de todos nuestros VALORES INTERNOS.

Solo aquel que posea de verdad pleno conocimiento de SÍ MISMO, está despierto en forma íntegra. Eso es ser AUTO-CONSCIENTE.

Todo el mundo cree que se AUTO-CONOCE, más es muy difícil hallar en la vida alguien que realmente se conozca a sí mismo. La gente tiene sobre sí misma conceptos totalmente equivocados.

Conocerse a sí mismo requiere grandes y terribles AUTO-ESFUERZOS. Sólo mediante el CONOCIMIENTO DE SÍ MISMO SE LLEGA VERDADERAMENTE a la AUTOCONCIENCIA.

EL ABUSO de AUTORIDAD se debe a la INCONSCIENCIA. Ninguna AUTORIDAD AUTO-CONSCIENTE llegaría jamás al ABUSO de la AUTORIDAD.

Algunos filósofos están contra toda AUTORIDAD, detestan las AUTORIDADES. Semejante forma de pensar es FALSA porque en todo lo creado, desde el microbio hasta el sol, existen escalas y escalas, grados y grados, fuerzas superiores que controlan y dirigen y fuerzas inferiores que son controladas y dirigidas.

En un simple panal de abejas hay autoridad en la REINA. En cualquier hormiguero existe autoridad y leyes. La destrucción del principio de AUTORIDAD conduciría a la ANARQUÍA.

LAS AUTORIDADES de estos tiempos críticos en que vivimos son INCONSCIENTES y es claro que, debido a este hecho PSICOLÓGICO, esclavizan, encadenan, abusan, causan dolor.

Necesitamos MAESTROS, instructores o guías espirituales, autoridades de gobierno, padres de familia, etc., plenamente AUTO-CONSCIENTES. sólo así podemos hacer de verdad un MUNDO MEJOR.

Es estúpido decir que no se necesitan maestros y guías espirituales.

Es absurdo desconocer el principio de AUTORIDAD en todo lo creado.

Aquellos que son AUTO-SUFICIENTES, ORGULLOSOS, opinan que los MAESTROS y GUÍAS ESPIRITUALES, NO SON NECESARIOS.

Debemos reconocer nuestra propia NADIDAD y MISERIA. Debemos comprender que necesitamos AUTORIDADES, MAESTROS, INSTRUCTORES ESPIRITUALES, etc. PERO AUTO-CONSCIENTES a fin de que puedan dirigirnos, ayudarnos y guiarnos sabiamente.

La AUTORIDAD INCONSCIENTE de los MAESTROS destruye el poder creador de los alumnos y alumnas. Si el alumno pinta, el maestro inconsciente le dice lo que debe pintar, el árbol o paisaje que debe copiar y el alumno aterrorizado no se atreve a salirse de las normas mecánicas del maestro.

Eso no es crear. Es necesario que el estudiante se vuelva creador. Que sea capaz de salirse de las normas inconscientes del MAESTRO INCONSCIENTE, a fin de que pueda transmitir todo aquello que siente con relación al árbol, todo el encanto de la vida que circula por las hojas trémulas del árbol, toda su honda significación.

UN MAESTRO CONSCIENTE no se opondría a la libertadora creatividad del espíritu.

Los MAESTROS con AUTORIDAD CONSCIENTE, jamás mutilarían la mente de los alumnos y alumnas.

Los maestros INCONSCIENTES destruyen con su AUTORIDAD la mente y la inteligencia de los alumnos y alumnas.

Los MAESTROS con AUTORIDAD INCONSCIENTES, sólo saben castigar y dictar normas estúpidas para que los alumnos se porten bien.

Los MAESTROS AUTO-CONSCIENTES enseñan con suma paciencia a sus alumnos y alumnas, ayudándoles a comprender sus dificultades individuales, a fin de que comprendiendo puedan trascender todos sus errores y avanzar triunfalmente.

LA AUTORIDAD CONSCIENTE o AUTO-CONSCIENTE jamás podría destruir la INTELIGENCIA.

LA AUTORIDAD INCONSCIENTE destruye la INTELIGENCIA y causa graves daños a los alumnos y alumnas.

La inteligencia sólo adviene a nosotros cuando gozamos de verdadera libertad y los MAESTROS CON AUTORIDAD AUTO-CONSCIENTE saben de verdad respetar la LIBERTAD CREADORA.

Los MAESTROS INCONSCIENTES creen que todo lo saben y atropellan la libertad de los estudiantes castrándoles la inteligencia con sus normas sin vida.

Los maestros AUTO-CONSCIENTES SABEN que no SABEN y hasta se dan el lujo de aprender observando las capacidades creadoras de sus discípulos.

Es necesario que los estudiantes de las escuelas, colegios y universidades, pasen de la simple condición de autómatas disciplinados, a la brillante posición de seres inteligentes y libres para que puedan hacer frente con todo éxito a todas las dificultades de la existencia.

Esto requiere MAESTROS AUTOCONSCIENTES, competentes, que realmente se interesan por sus discípulos, maestros que estén bien pagados para que no tengan angustias monetarias de ninguna especie.

Desgraciadamente todo MAESTRO, todo padre de familia, todo alumno, se cree a sí mismo AUTO-CONSCIENTE, DESPIERTO, y ese es su más GRANDE ERROR.

Es muy raro hallar en la vida alguna persona AUTO-CONSCIENTE y DESPIERTA.

La gente sueña cuando el cuerpo duerme y sueña cuando el cuerpo está en estado de vigilia.

La gente maneja coches, soñando; trabaja soñando; anda por las calles soñando, vive a toda hora soñando.

Es muy natural que a un profesor se le olvide el paraguas o que en el carro deje abandonado algún libro o su cartera. Todo eso sucede porque el profesor tiene la conciencia dormida, sueña...

Es muy difícil que las gentes acepten que están dormidas, todo el mundo se cree a sí mismo despierto. Si alguien aceptase que tiene su conciencia dormida, es claro que desde ese mismo momento comenzaría a despertar.

El alumno o la alumna olvida en la casa el libro, o el cuaderno que tiene que llevar a la escuela, un olvido de éstos parece muy normal y lo es, pero indica, señala, el estado de sueño en que se halla la conciencia humana.

Los pasajeros de cualquier servicio de transporte urbano, suelen pasarse a veces de calle, estaban dormidos y cuando despiertan vienen a darse cuenta de que se pasaron de calle y que ahora les tocará regresar a pie unas cuantas calles.

Rara vez en la vida está el ser humano despierto realmente y cuando lo ha estado siquiera por un momento, como en los casos de infinito terror, se ve por un momento a sí mismo en forma ÍNTEGRA. Esos momentos son inolvidables.

El hombre que regresa a su casa después de haber recorrido toda la ciudad, es muy difícil que recuerde en forma minuciosa todos sus pensamientos, incidentes, personas, cosas, ideas, etc. etc. etc., al tratar de recordar, hallará en su memoria grandes lagunas que corresponden precisamente a los estados de sueño más profundo.

Algunos estudiantes de Psicología se han propuesto vivir ALERTAS de momento en momento, pero de pronto se duermen, tal vez al encontrar algún amigo en la calle, al entrar a algún almacén para comprar algo, etc. y cuando horas más tarde recuerden su decisión de vivir ALERTAS y DESPIERTOS de momento en momento, entonces vienen a darse cuenta de que se habían dormido cuando entraron a tal o cual lugar, o cuando se encontraron a tal o cual persona, etc. etc. etc.

Ser AUTO-CONSCIENTE es algo muy difícil, pero se puede llegar a este estado aprendiendo a vivir alertas y vigilantes de MOMENTO en MOMENTO.

Si queremos llegar a la AUTO-CONCIENCIA necesitamos conocernos a sí mismos en forma ÍNTEGRA.

Todos nosotros tenemos el YO, el MÍ MISMO, el EGO que necesitamos explorar para conocernos a sí mismos y volvemos AUTO-CONSCIENTES.

Es URGENTE AUTO OBSERVARNOS, ANALIZAR y COMPRENDER cada uno de nuestros defectos.

Es necesario estudiarnos a sí mismos en el terreno de la mente, emociones, hábitos, instintos y sexo.

La mente tiene muchos NIVELES, regiones o departamentos SUBCONSCIENTES que debemos conocer a fondo mediante la OBSERVACIÓN, el ANÁLISIS, la MEDITACIÓN DE FONDO y la PROFUNDA COMPRENSIÓN ÍNTIMA.

Cualquier defecto puede desaparecer de la región intelectual y continuar existiendo en otros niveles inconscientes de la mente.

Lo primero que se necesita es DESPERTAR para comprender nuestra propia MISERIA, NADIDAD y DOLOR. Después comienza el YO a MORIR de momento en momento. ES URGENTE la MUERTE DEL YO PSICOLÓGICO.

Sólo muriendo nace el SER verdaderamente CONSCIENTE en nosotros. Sólo él SER puede ejercer verdadera AUTORIDAD CONSCIENTE.

DESPERTAR, MORIR, NACER. Estas son las tres fases psicológicas que nos llevan a la VERDADERA EXISTENCIA CONSCIENTE.

Hay que despertar para MORIR y hay que morir para NACER. Quien muere sin haber DESPERTADO se convierte en un SANTO ESTÚPIDO. Quien NACE sin haber muerto se convierte en un INDIVIDUO de DOBLE PERSONALIDAD, la muy JUSTA y la muy perversa.

El ejercicio de la AUTORIDAD verdadera sólo puede ser ejercido por aquellos que poseen el SER consciente.

Aquellos que todavía no poseen el SER CONSCIENTE, aquellos que todavía no son AUTO-CONSCIENTES, suelen ABUSAR DE LA AUTORIDAD y causar mucho daño.

Los MAESTROS deben aprender a mandar y los alumnos deben aprender a obedecer.

Aquellos PSICÓLOGOS que se pronuncian contra la obediencia están de hecho muy equivocados porque nadie puede mandar conscientemente si antes no ha aprendido a obedecer.

Hay que saber mandar CONSCIENTEMENTE y hay que saber obedecer conscientemente.

CAPÍTULO IV

LA DISCIPLINA

Los maestros de escuelas, colegios y universidades le dan muchísima importancia a la disciplina y nosotros debemos estudiarla en este capítulo detenidamente.

Todos los que hemos pasado por escuelas, colegios, universidades, etc. Sabemos muy bien lo que son las disciplinas, reglas, férulas, regaños, etc., etc., etc.

Disciplina es eso que se llama CULTIVO DE LA RESISTENCIA. A los maestros de escuela les encanta cultivar la RESISTENCIA.

Se nos enseña a resistir, a erigir algo contra alguna otra cosa. Se nos enseña a resistir las tentaciones de la carne y nos azotamos y hacemos penitencia para resistir.

Se nos enseña a RESISTIR las tentaciones que trae la pereza, tentaciones de no estudiar, no ir a la escuela, jugar, reír, burlamos de los maestros, violar los reglamentos, etc. etc. etc.

Los maestros y maestras tienen el concepto equivocado de que mediante la disciplina podemos comprender la necesidad de respetar el orden de la escuela, la necesidad de estudiar, guardar compostura ante los maestros, portamos bien con los condiscípulos, etc. etc. etc.

Existe entre las gentes el concepto equivocado de que cuanto más resistimos, cuanto más rechazamos, nos hacemos más y más comprensivos, libres, plenos, victoriosos.

No quieren darse cuenta las gentes que cuanto más luchamos contra algo, cuanto más lo resistimos, cuanto más lo rechazamos, menor es la COMPRENSIÓN.

Si luchamos contra el vicio de la bebida, ésta desaparecerá por un tiempo, pero como no la hemos COMPRENDIDO a fondo en todos los NIVELES DE LA MENTE, ésta retornará después cuando descuidemos la guardia y beberemos de una vez para todo el año.

Si rechazamos el vicio de la fornicación, por un tiempo seremos muy castos en apariencia (aun cuando en otros NIVELES DE LA MENTE continuemos siendo espantosos SÁTIROS como lo pueden demostrar los sueños ERÓTICOS y las poluciones nocturnas), y después volveremos con más fuerza a nuestras antiguas andanzas de FORNICARIOS IRREDENTOS, debido al hecho concreto de no haber comprendido a fondo lo que es la FORNICACIÓN.

Muchos son los que rechazan la CODICIA, los que luchan contra ella, los que se disciplinan contra ella siguiendo determinadas NORMAS de conducta, pero como no han comprendido de verdad todo el proceso de la CODICIA, resultan en el fondo CODICIANDO no ser CODICIOSOS.

Muchos son los que se disciplinan contra la IRA, los que aprenden a resistirla, pero ésta continúa existiendo en otros niveles de la mente subconsciente, aun cuando en apariencia haya desaparecido de nuestro carácter y al menor descuido de la guardia, el subconsciente nos traiciona y entonces tronamos y relampagueamos llenos de ira, cuándo menos lo esperábamos y tal vez por algún motivo que no tiene la MENOR IMPORTANCIA.

Muchos son los que se disciplinan contra los celos y al fin creen firmemente que ya los extinguieron, pero como no los comprendieron es claro que estos aparecen nuevamente en escena precisamente cuando ya los creíamos bien muertos.

Sólo con plena ausencia de disciplinas, sólo en libertad auténtica, surge en la mente, la llamada ardiente de la COMPRENSIÓN.

La LIBERTAD CREADORA no puede existir jamás en un ARMAZÓN. Necesitamos libertad para COMPRENDER nuestros defectos PSICOLÓGICOS en forma ÍNTEGRA.

Necesitamos con URGENCIA derribar muros y romper grilletes de acero, para ser libres.

Tenemos que experimentar por sí mismos todo aquello que nuestros Maestros en la Escuela y nuestros Padres nos han dicho que es bueno y útil. No basta aprender de memoria e imitar. Necesitamos comprender.

Todo el esfuerzo de los Maestros y Maestras debe dirigirse a la conciencia de los alumnos. Deben esforzarse porque ellos entren en el camino de la COMPRENSIÓN.

No es suficiente decirles a los alumnos que deben ser esto o aquello, es necesario que los alumnos aprendan a ser libres para que puedan por sí mismos examinar, estudiar, analizar todos los valores, todas las cosas que la gente ha dicho que son beneficiosas, útiles, nobles y no meramente aceptarlas e imitarlas.

Las gentes no quieren descubrir por sí mismas, tienen mentes cerradas, estúpidas, mentes que no quieren indagar, mentes mecanicistas que jamás indagan y que sólo IMITAN.

Es necesario, es urgente, es indispensable que los alumnos y alumnas desde su más tierna edad hasta el momento de abandonar las AULAS gocen de verdadera libertad para descubrir por sí mismos, para inquirir, para comprender y que no estén limitados por los muros abyectos de las prohibiciones, regaños y disciplinas.

Si a los alumnos se les dice lo que deben y lo que no deben hacer y no se les permite COMPRENDER y experimentar, ¿DÓNDE entonces está su inteligencia? ¿CUÁL es la oportunidad que se le ha dado a la inteligencia?

¿De qué sirve entonces pasar exámenes, vestir muy bien, tener muchos amigos si no somos inteligentes?

La inteligencia sólo viene a nosotros cuando estamos verdaderamente libres para investigar por sí mismos, para comprender, para analizar sin el temor al regaño y sin la férula de las Disciplinas.

Los estudiantes miedosos, asustados, sometidos a terribles disciplinas jamás podrán SABER. Jamás podrán ser inteligentes.

Hoy en día a los Padres de familia y a los Maestros, lo único que les interesa es que los alumnos y alumnas hagan una carrera, que se vuelvan médicos, abogados, ingenieros, empleadas de oficina, es decir, autómatas vivientes y que luego se casen y se conviertan además en MÁQUINAS DE HACER BEBES y eso es todo.

Cuando los muchachos o muchachas quieren hacer algo nuevo, algo distinto, cuando sienten la necesidad de salirse de ese armazón, prejuicios, hábitos anticuados, disciplinas, tradiciones de familia o nación, etc., entonces los padres de familia aprietan más los grilletes de la prisión y dicen al muchacho o a la muchacha: ¡No hagáis eso! no estamos dispuestos a apoyarte en eso, esas cosas son locuras, etc., etc., etc. TOTAL, el muchacho o la muchacha está formalmente preso dentro de la cárcel de las disciplinas, tradiciones, costumbres anticuadas, ideas decrépitas, etc.

La EDUCACIÓN FUNDAMENTAL enseña a conciliar el ORDEN con la LIBERTAD.

EL ORDEN sin LIBERTAD es TIRANÍA. La LIBERTAD sin ORDEN es ANARQUÍA.

LIBERTAD Y ORDEN sabiamente combinados constituyen la BASE de la EDUCACIÓN FUNDAMENTAL.

Los ALUMNOS deben gozar de perfecta libertad para averiguar por sí mismos, para INQUIRIR para DESCUBRIR lo que realmente, lo que de cierto son en SÍ MISMOS y aquello que pueden hacer en la vida.

Los alumnos y alumnas, los soldados y policías y en general todas aquellas personas que tengan que vivir sometidos a rigurosas disciplinas, suelen tornarse crueles, insensibles al dolor humano, despiadados.

La DISCIPLINA destruye la SENSIBILIDAD humana y esto está ya totalmente demostrado por la OBSERVACIÓN y la EXPERIENCIA.

Debido a tantas disciplinas y reglamentos, las gentes de esta época han perdido totalmente la SENSIBILIDAD y se han tornado crueles y despiadadas.

Para ser verdaderamente libres se necesita ser muy sensibles y humanistas...

En las escuelas, colegios y universidades, se les enseña a los estudiantes a poner ATENCIÓN en las clases y los alumnos y alumnas ponen atención para evitarse el regaño, el jalón de orejas, el golpe con la férula o con la regla, etc. etc. etc. Más desgraciadamente no se les enseña a COMPRENDER REALMENTE lo que es la ATENCIÓN CONSCIENTE.

Por disciplina el estudiante pone atención y gasta energía creadora muchas veces en forma inútil.

La energía creadora es el tipo más sutil de fuerza fabricado por la MÁQUINA ORGÁNICA.

Nosotros comemos y bebemos y todos los procesos de la digestión son en el fondo procesos de utilización en que las materias groseras se convierten en materias y fuerzas útiles.

La energía creadora es: el tipo de MATERIA y de FUERZA más sutil elaborado por el organismo.

Si sabemos poner ATENCIÓN CONSCIENTE podemos ahorrar energía creadora. Desafortunadamente los maestros y maestras no les enseñan a sus discípulos lo que es la ATENCIÓN CONSCIENTE.

Doquiera dirijamos la ATENCIÓN gastamos ENERGÍA CREADORA. Podemos ahorrar esa energía si dividimos la atención, si no nos identificamos con las cosas, con las personas, con las ideas.

Cuando nosotros nos identificamos con las personas, con las cosas, con las ideas, nos olvidamos de sí mismos y entonces perdemos la ENERGÍA creadora en la forma más lastimosa.

ES URGENTE saber que necesitamos ahorrar la ENERGÍA CREADORA para despertar CONCIENCIA y que la ENERGÍA CREADORA es el POTENCIAL VIVIENTE, el VEHÍCULO de la CONCIENCIA, el instrumento para DESPERTAR CONCIENCIA.

Cuando aprendemos a NO olvidarnos de SÍ MISMOS, cuando aprendemos a dividir la ATENCIÓN entre SUJETO, OBJETO y LUGAR, ahorramos ENERGÍA CREADORA para despertar CONCIENCIA.

ES necesario aprender a manejar la ATENCIÓN para despertar conciencia, pero los alumnos y alumnas nada saben sobre esto porque sus MAESTROS y MAESTRAS no se lo han enseñado.

CUANDO aprendemos a utilizar la ATENCIÓN conscientemente, la disciplina entonces sale sobrando.

EL estudiante o la estudiante atento a sus clases, a sus lecciones, al orden, NO necesita de disciplina de ninguna especie.

Es URGENTE que los MAESTROS comprendan la necesidad de conciliar inteligentemente la LIBERTAD y el ORDEN y esto es posible mediante la ATENCIÓN CONSCIENTE.

La ATENCIÓN CONSCIENTE excluye eso que se llama IDENTIFICACIÓN. Cuando nos IDENTIFICAMOS con las personas, con las cosas, con las ideas, vienen la FASCINACIÓN y esta última produce SUEÑO en la CONCIENCIA.

Hay que saber poner ATENCIÓN sin IDENTIFICACIÓN. CUANDO ponemos atención en algo o en alguien y nos olvidamos de sí mismos, el resultado es la FASCINACIÓN y el SUEÑO de la CONCIENCIA.

Observad cuidadosamente a un CINEASTA. Se encuentra dormido, todo lo ignora, se ignora a sí mismo, está hueco, parece un sonámbulo, sueña con la película que está viendo, con el héroe de la película.

Los ALUMNOS y alumnas deben poner atención en las clases sin olvidarse de Sí mismos para no caer en el SUEÑO ESPANTOSO de la CONCIENCIA.

El alumno debe verse a sí mismo en escena cuando está presentando un examen o cuando está ante el tablero o pizarrón por orden del maestro, o cuando se halla estudiando o descansando o jugando con sus condiscípulos.

La ATENCIÓN DIVIDIDA en TRES PARTES: SUJETO, OBJETO, LUGAR, es de hecho ATENCIÓN CONSCIENTE.

Cuando no cometemos el ERROR de IDENTIFICARNOS con las personas, las cosas, las ideas, etc. ahorramos ENERGÍA CREADORA y precipitamos en nosotros el despertar de la CONCIENCIA.

Quien quiera despertar CONCIENCIA en los MUNDOS SUPERIORES, debe empezar por DESPERTAR aquí y ahora.

Cuando el ESTUDIANTE comete el error de IDENTIFICARSE con las personas, las cosas, las ideas, cuando comete el error de olvidarse a sí mismo, entonces cae en la fascinación y el sueño.

La disciplina no enseña a los estudiantes a poner ATENCIÓN CONSCIENTE. La disciplina es una verdadera prisión para la mente.

Los alumnos y alumnas deben aprender a manejar la ATENCIÓN CONSCIENTE desde los mismos bancos de la escuela para que más tarde en la vida práctica, fuera de la escuela, no cometan el error de olvidarse a sí mismos.

El hombre que se olvida de sí mismo ante un insultador, se identifica con él, se fascina, cae en el sueño de la inconsciencia y entonces hiere o mata y va a la cárcel inevitablemente.

Aquel que no se deja FASCINAR con el insultador, aquel que no se identifica con él, aquel que no se olvida de sí mismo, aquel que sabe poner ATENCIÓN CONSCIENTE, sería incapaz de darle valor a las palabras del insultador, o de herirle o matarle.

Todos los errores que el ser humano comete en la vida se deben a que se olvida de sí mismo, se identifica, se fascina y cae en el sueño.

Mejor sería para la juventud, para todos los estudiantes, que se les enseñase el DESPERTAR de la CONCIENCIA en vez de esclavizarles con tantas absurdas disciplinas.

CAPÍTULO V

QUÉ PENSAR, CÓMO PENSAR

E n nuestro hogar y en la escuela, los padres de familia y maestros siempre nos dicen lo que debemos pensar, pero jamás en la vida nos enseñan CÓMO PENSAR.

Saber qué pensar es relativamente muy fácil. Nuestros padres, maestros, tutores, autores de libros, etc. etc. etc. cada uno es un dictador a su modo, cada cual quiere que pensemos en sus dictados, exigencias, teorías, prejuicios, etc.

Los dictadores de la mente abundan como la mala hierba. Existe por doquiera una tendencia perversa a esclavizar la mente ajena, a embotellarla, a obligarla a vivir dentro de determinadas normas, prejuicios, escuelas, etc.

Los millares y millones de DICTADORES de la mente jamás han querido respetar la libertad mental de nadie. Si alguien no piensa como ellos, es calificado de perverso, renegado, ignorante, etc. etc. etc.

Todo el mundo quiere esclavizar a todo el mundo, todo el mundo quiere atropellar la libertad intelectual de los demás. Nadie quiere respetar la libertad del pensamiento ajeno. Cada cual se siente JUICIOSO, SABIO, MARAVILLOSO, y quiere como es natural que los demás sean como él, que lo conviertan en su modelo, que piensen como él.

Se ha abusado demasiado de la mente. Observad los COMERCIANTES, y su propaganda a través del periódico, la radio, la televisión, etc. etc. etc.

La propaganda comercial se hace en forma dictatorial ¡Compre usted jabón tal! ¡Zapatos tal! ¡Tantos pesos! ¡Tantos dólares! ¡Compre ahora mismo! ¡Inmediatamente! ¡no lo deje para mañana! ¡tiene que ser inmediatamente! etc. Sólo falta que digan: "si no obedece usted lo metemos a la cárcel", o: "lo asesinamos".

El padre quiere meterle al hijo sus ideas a la fuerza y el maestro de escuela regaña, castiga y pone bajas calificaciones si el muchacho o la muchacha no aceptan DICTATORIALMENTE las ideas del maestro.

Media humanidad quiere esclavizar la mente ajena de la otra media humanidad. Esa tendencia a esclavizar la mente de los demás resalta a simple vista cuando estudiamos la página negra de la negra historia.

Por doquiera han existido y existen SANGRIENTAS DICTADURAS empeñadas en esclavizar a los pueblos. Sangrientas dictaduras que dictan lo que la gente debe pensar. ¡Desgraciado aquel! que intenta pensar libremente: ese va inevitablemente a los campos de concentración, a la Siberia, a la cárcel, a los trabajos forzados, a la horca, al fusilamiento, al destierro, etc.

Ni los MAESTROS y MAESTRAS, ni los PADRES DE FAMILIA, ni los libros, quieren enseñar el CÓMO PENSAR.

A la gente le encanta obligar a otros a pensar de acuerdo como creen que debe ser y es claro que cada cual en esto es un DICTADOR a su modo, cada cual se cree la última palabra, cada cual cree firmemente que todos los demás deben pensar como él, porque él es lo mejor de lo mejor.

Padres de familia, maestros, patronos, etc. etc. etc., regañan y vuelven a regañar a sus subordinados.

Es espantosa esa horrible tendencia de la humanidad a faltarle el respeto a los demás, a atropellar la mente ajena, a enjaular, encerrar, esclavizar, encadenar el pensamiento ajeno.

El marido quiere meterle a la mujer sus ideas en la cabeza y a la fuerza, su doctrina, sus ideas, etc. y la mujer quiere hacer lo mismo.

Muchas veces marido y mujer se divorcian por incompatibilidad de ideas.

No quieren los cónyuges comprender la necesidad de respetar la libertad intelectual ajena.

Ningún cónyuge tiene derecho de esclavizar la mente de otro cónyuge. Cada cual es de hecho digno de respeto. Cada cual tiene derecho a pensar como quiera, a profesar su religión, a pertenecer al partido político que quiera.

A los niños y niñas de la escuela se les obliga a pensar a la fuerza en tales y cuales ideas, pero no se les enseña a manejar la mente.

La mente de los niños es tierna, elástica, dúctil y la de los viejos está ya dura, fija, como arcilla en un molde, ya no cambia, ya no puede cambiar.

La mente de los niños y jóvenes es susceptible de muchos cambios, puede cambiar.

A los niños y a los jóvenes se les puede enseñar cómo PENSAR. A los viejos es muy difícil enseñarles CÓMO PENSAR porque ellos ya son como son y así mueren. Es muy raro encontrar en la vida algún viejo interesado en cambiar radicalmente.

La mente de las gentes es moldeada desde la niñez. Eso es lo que padres y maestros de escuela prefieren hacer. Ellos gozan dándole forma a la mente de los niños y jóvenes.

Mente metida en un molde es de hecho mente acondicionada, mente esclava.

Es necesario que los MAESTROS y MAESTRAS de escuela rompan los grilletes de la mente.

Es urgente que los maestros sepan dirigir la mente de los niños hacia la libertad verdadera para que no se dejen esclavizar más.

Es indispensable que los maestros le enseñen a los alumnos y alumnas CÓMO SE DEBE PENSAR.

Los maestros deben comprender la necesidad de enseñarle a los alumnos y alumnas el camino del análisis, la meditación, la comprensión.

Ninguna persona comprensiva debe aceptar jamás en forma dogmática nada. Es urgente primero investigar. Comprender, inquirir, antes de aceptar.

En otras palabras, diremos que no hay necesidad de aceptar, sino de investigar, analizar, meditar y comprender. Cuando la comprensión es plena, la aceptación es innecesaria.

De nada sirve llenarnos la cabeza de información intelectual si al salir de la escuela NO SABEMOS PENSAR y Continuamos como AUTÓMATAS VIVIENTES, como máquinas, repitiendo la misma rutina de nuestros padres, abuelos y tatarabuelos, etc.

Repetir siempre lo mismo, vivir vida de máquinas, de la casa a la oficina y de la oficina a la casa, casarse para convertirse en maquinitas de hacer niños, eso no es vivir y si para eso estudiamos, y para eso vamos a la escuela y al colegio y a la universidad durante diez o quince años, mejor sería no estudiar.

EL MAHATMA GANDHI fue un hombre muy singular. Muchas veces los pastores protestantes se sentaron en su puerta horas y horas enteras luchando por convertirlo al cristianismo en su forma protestante.

Gandhi no aceptaba la enseñanza de los pastores, tampoco la rechazaba, la COMPRENDÍA, la RESPETABA, y eso es todo.

Muchas veces decía el MAHATMA: "Yo soy Brahmán, judío, cristiano, Mahometano, etc. etc. etc."

EL MAHATMA comprendía que todas las religiones son necesarias porque todas conservan los mismos VALORES ETERNOS.

Eso de aceptar o rechazar alguna doctrina o concepto, revela falta de madurez mental.

Cuando rechazamos o aceptamos algo, es porque no lo hemos comprendido.

Donde hay COMPRENSIÓN la aceptación o rechazo salen sobrando.

La mente que cree, la mente que no cree, la mente que duda, es mente IGNORANTE.

El camino de la SABIDURÍA no consiste en CREER o no CREER o DUDAR.

El camino de la SABIDURÍA consiste en INQUIRIR, analizar, meditar y EXPERIMENTAR.

La VERDAD es lo desconocido de momento en momento. La verdad nada tiene que ver con lo que uno crea o deje de creer, ni tampoco el escepticismo.

La VERDAD no es cuestión de aceptar algo o de rechazarlo. La VERDAD es cuestión de EXPERIMENTAR, VIVENCIAR, COMPRENDER.

Todo el esfuerzo de los MAESTROS debe en última síntesis llevar a los alumnos y alumnas a la EXPERIENCIA de lo real, de lo verdadero.

Es URGENTE que los MAESTROS y MAESTRAS abandonen esa tendencia anticuada y perniciosa dirigida siempre a MODELAR la mente PLÁSTICA y DÚCTIL de los niños.

Es absurdo que personas ADULTAS llenas de prejuicios, pasiones, preconceptos anticuados, etc. atropellen así la mente de los niños y de los jóvenes, tratándoles de modelar la mente de acuerdo a sus ideas rancias, torpes, anticuadas.

Mejor es respetar la LIBERTAD INTELECTUAL de los ALUMNOS y ALUMNAS, respetar su prontitud mental, su espontaneidad creadora.

Los maestros y maestras no tienen derecho a enjaular la mente de los alumnos y alumnas.

Lo fundamental no es DICTARLE a la MENTE de los alumnos lo que debe pensar, sino enseñarle en forma completa, CÓMO PENSAR.

La MENTE es el instrumento del CONOCIMIENTO y es necesario que los MAESTROS y MAESTRAS le enseñen a sus alumnos y alumnas a manejar sabiamente ese instrumento.

CAPÍTULO VI

LA BÚSQUEDA DE SEGURIDAD

Cuando los polluelos tienen miedo se esconden debajo de las alas amorosas de la gallina en busca de seguridad.

El niño asustado corre en busca de su madre porque junto a ella se cree seguro.

Está pues demostrado que el MIEDO y la búsqueda de SEGURIDAD se encuentran siempre íntimamente asociados.

El hombre que teme verse asaltado por bandidos busca seguridad en su pistola.

El país que teme verse atacado por otro país, comprará cañones, aviones, buques de guerra y armará ejércitos y se pondrá en pie de guerra.

Muchos sujetos que no saben trabajar, aterrorizados ante la miseria buscan seguridad en el delito, y se vuelven ladrones, asaltantes, etc...

Muchas mujeres faltas de inteligencia asustadas ante la posibilidad de la miseria se convierten en prostitutas.

El hombre celoso teme perder a su mujer y busca seguridad en la pistola, mata y después es claro que va a parar a la cárcel.

La mujer celosa mata a su rival o a su marido y así se convierte en asesina.

Ella teme perder a su marido y queriendo asegurárselo mata a la otra o se resuelve asesinarlo.

El casero miedoso de que la gente no le pague el alquiler de la casa, exige contratos, fiadores, depósitos, etc., queriendo así asegurarse y si una viuda pobre y llena de hijos no puede llenar tan tremendos requisitos, y si todos los caseros de una ciudad hacen lo mismo, al fin la infeliz tendrá que irse a dormir con sus hijos a la calle o en los parques de la ciudad.

Todas las guerras tienen su origen en el miedo.

Las gestapos, las torturas, los campos de concentración, las siberias, las espantosas cárceles, destierros, trabajos forzados, fusilamientos, etc. tienen origen en el miedo.

Las naciones atacan a otras naciones por miedo; buscan seguridad en la violencia, creen que, matando, invadiendo, etc. podrán hacerse seguras, fuertes, poderosas.

En las oficinas de policía secreta, contraespionaje, etc. tanto en el este como en el oeste, se tortura a los espías, se teme de ellos, quieren hacerles confesar con el propósito de hallar seguridad para el Estado.

Todos los delitos, todas las guerras, todos los crímenes, tienen su origen en el miedo y en la búsqueda de seguridad.

En otros tiempos había sinceridad entre las gentes, hoy el miedo y la búsqueda de seguridad han acabado con la fragancia maravillosa de la sinceridad.

El amigo desconfía del amigo, teme que éste le robe, le estafe, le explote y hasta hay máximas estúpidas y perversas como esta: "NUNCA DEIS LA ESPALDA A TU MEJOR AMIGO". Los HITLERIANOS decían que esta MÁXIMA era de ORO.

Ya el amigo teme al amigo y hasta usa MÁXIMAS para protegerse. Ya no hay sinceridad entre los amigos. El miedo y la búsqueda de seguridad acabaron con la deliciosa fragancia de la sinceridad.

Castro Ruz en Cuba ha fusilado a millares de ciudadanos temeroso de que lo acaben; Castro busca seguridad fusilando. Cree que así puede encontrar Seguridad.

Stalin, el perverso y sanguinario Stalin, apestó a Rusia con sus sangrientas purgas. Esa era la forma de buscar su seguridad.

Hitler organizó la Gestapo, la terrible Gestapo, para seguridad del Estado. No cabe duda de que temía que le derrocaran y por ello fundó la sangrienta Gestapo.

Todas las amarguras de este mundo tienen su origen en el miedo y la búsqueda de seguridad.

Los maestros y maestras de escuela deben enseñarle a los alumnos y alumnas la virtud del valor.

Es lamentable que a los niños y niñas se les llene de temor desde su mismo hogar.

A los niños y niñas se les amenaza, se les intimida, se les atemoriza, se les da de palos, etc.

Es costumbre de padres de familia y maestros, atemorizar al niño y al joven con el propósito de que estudie.

Por lo común se les dice a niños y jóvenes que si no estudian tendrán que pedir limosna, vagar hambrientos por las calles, ejercer trabajos muy humildes como limpiar calzado, cargar fardos, vender periódicos, trabajar en el arado, etc. etc. etc. (Como si el trabajo fuese delito).

En el fondo, tras de todas estas palabras de padres y maestros, existe miedo por el hijo y búsqueda de seguridad para el hijo.

Lo grave de todo esto que estamos diciendo, es que el niño y el joven se acomplejan, se llenan de temor y más tarde en la vida práctica son sujetos llenos de miedo.

Los padres de familia y maestros que tienen el mal gusto de asustar a los niños y niñas, a los jóvenes y señoritas, en forma inconsciente los están encaminando por el camino del delito, pues como ya dijimos, todo delito tiene su origen en el miedo y la búsqueda de seguridad.

Hoy en día el MIEDO y la BÚSQUEDA DE SEGURIDAD han convertido al planeta tierra en un espantoso infierno. Todo el mundo teme. Todo el mundo quiere seguridades.

En otros tiempos se podía viajar libremente, ahora las fronteras están llenas de guardias armados, se exigen pasaportes y certificados de toda especie para tener derecho a pasar de un país a otro.

Todo esto es el resultado del miedo y BÚSQUEDA DE SEGURIDAD. Se teme al que viaja, se teme al que llega y se busca seguridad en pasaportes y papeles de toda especie.

Los maestros y maestras de escuela, colegios, universidades deben comprender el horror de todo esto y cooperar para el bien del mundo, sabiendo educar a las nuevas generaciones, enseñándoles el camino del valor auténtico.

Es URGENTE enseñarles a las nuevas generaciones a no temer y a no buscar seguridades en nada ni en nadie.

Es indispensable que todo individuo aprenda a confiar más en sí mismo.

El MIEDO y la BÚSQUEDA de SEGURIDAD son terribles debilidades que convirtieron la vida en un espantoso INFIERNO.

Por doquiera abundan los cobardes, los miedosos, los débiles que andan siempre en busca de SEGURIDAD.

Se teme a la vida, se teme a la muerte, se teme al qué dirán, "al dice que sé dice", a perder la posición social, la posición política, el prestigio, el dinero, la bonita casa, la bonita mujer, el buen marido, el empleo, el negocio, el monopolio, los muebles, el carro, etc. etc. etc. a todo se teme, abundan por todas partes los cobardes, los miedosos, los débiles, más, nadie se cree a sí mismo cobarde, todos presumen de fuertes, valerosos, etc.

En todas las clases sociales existen millares y millones de intereses que se teme perder y por ello todo el mundo busca seguridades que a fuerza de hacerse cada vez más y más complejas, hacen de hecho la vida cada vez más complicada, cada vez más difícil, cada vez más amarga, cruel y despiadada.

Todas las murmuraciones, todas las calumnias, intrigas, etc., tienen su origen en el miedo y búsqueda de seguridad.

Para no perder la fortuna, la posición, el poder, el prestigio, se propagan calumnias, chismografías, se asesina, se paga para que se asesine en secreto, etc.

Los poderosos de la tierra se dan hasta el lujo de tener asesinos a sueldo y muy bien pagados, con el propósito asqueante de eliminar a todo aquel que amenace eclipsarles.

Ellos aman el poder por el poder mismo y se lo aseguran a base de dinero y mucha sangre.

Los periódicos constantemente están dando noticias de muchos casos de suicidio.

Muchos creen que el que se suicida es valeroso, pero realmente quien se suicida es un cobarde que le tiene miedo a la vida y que busca seguridad en los brazos descarnados de la muerte.

Algunos héroes de guerra fueron conocidos como personas débiles y cobardes, más cuando se vieron cara a cara con la muerte, su terror fue tan espantoso, que se tornaron en terribles fieras buscando seguridad para su vida, haciendo un esfuerzo supremo contra la muerte. Entonces se les declaró HÉROES.

El miedo suele confundirse con el valor. Quien se suicida parece muy valeroso, quien carga pistola parece muy valeroso, más en realidad los suicidas y los pistoleros son muy cobardes.

Quien no le tiene miedo a la vida no se suicida. Quien no tiene miedo a nadie no carga pistola al cinto.

Es URGENTE que los maestros y maestras de escuela le enseñen al ciudadano en forma clara y precisa, lo que es VALOR de verdad y lo que es miedo.

EL MIEDO y la BÚSQUEDA de SEGURIDAD han convertido el mundo en un espantoso infierno.

CAPÍTULO VII

LA AMBICIÓN

La AMBICIÓN tiene varias causas y una de ellas es eso que se llama MIEDO.

El humilde muchacho que en los parques de las lujosas ciudades limpia el calzado de los orgullosos caballeros, podría convertirse en ladrón si llegase a sentir miedo a la pobreza, miedo a sí mismo, miedo a su futuro.

La humilde modistilla que trabaja en el fastuoso almacén del potentado, podría convertirse en ladrona o prostituta de la noche a la mañana, si llegase a sentirle miedo al futuro, miedo a la vida, miedo a la vejez, miedo a sí misma, etc.

El elegante mesero del restaurante de lujo o del gran hotel, podría convertirse en un GÁNSTER, en un asaltante de bancos, o en un ladrón muy fino, si por desgracia llegase a sentir miedo de sí mismo, de su humilde posición de mesero, de su propio porvenir, etc.

El insignificante insecto ambiciona ser elegante. El pobre empleado de mostrador que atiende a la clientela y que con paciencia nos muestra la corbata, la camisa, los zapatos, haciendo muchas reverencias y sonriendo con fingida mansedumbre, ambiciona algo más porque tiene miedo, mucho miedo, miedo a la miseria, miedo a su futuro sombrío, miedo a la vejez, etc.

La AMBICIÓN es polifacética. La AMBICIÓN tiene cara de santo y cara de diablo, cara de hombre y cara de mujer, cada de interés y cara de desinterés, cara de virtuoso y cara de pecador.

Existe AMBICIÓN en aquel que quiere casarse y en aquel VIEJO SOLTERÓN empedernido que aborrece el matrimonio.

Existe AMBICIÓN en el que desea con locura infinita "SER ALGUIEN", "FIGURAR", "TREPAR" y existe AMBICIÓN en aquel que se hace ANACORETA, que no desea nada de este mundo, porque su única AMBICIÓN es alcanzar el CIELO, LIBERARSE, etc.

Existen AMBICIONES TERRENALES y AMBICIONES ESPIRITUALES. A veces la AMBICIÓN usa la máscara del DESINTERÉS y del SACRIFICIO.

Quien no AMBICIONA este mundo ruin y MISERABLE, AMBICIONA el otro y quien no AMBICIONA dinero, AMBICIONA PODERES PSÍQUICOS.

Al YO, al MÍ MISMO, al SÍ MISMO, le encanta esconder la AMBICIÓN, meterla en los recovecos más secretos de la mente y dice luego: "YO NO AMBICIONO NADA", "YO AMO A MIS SEMEJANTES", "YO TRABAJO DESINTERESADAMENTE POR EL BIEN DE TODOS LOS SERES HUMANOS".

EL POLÍTICO ZORRO y que se las sabe todas, asombra a veces a las multitudes con sus obras aparentemente desinteresadas, más cuando abandona el empleo, es apenas normal que salga de su país con unos cuantos millones de dólares.

La AMBICIÓN disfrazada con la MASCARA DEL DESINTERÉS, suele engañar a las gentes más astutas.

Existen en el mundo muchas gentes que sólo AMBICIONAN no ser AMBICIOSAS.

Son muchas las gentes que renuncian a todas las pompas y vanidades del mundo porque sólo AMBICIONAN su propio AUTO PERFECCIÓN ÍNTIMA.

El penitente que camina de rodillas basta el templo y que se flagela lleno de fe, no ambiciona aparentemente nada y hasta se da el lujo de dar sin quitar nada a nadie, pero es claro que AMBICIONA el MILAGRO, la curación, la salud para sí mismo o para algún familiar, o bien, la salvación eterna.

Nosotros admiramos a los hombres y mujeres verdaderamente religiosos, pero lamentamos que no amen a su religión con todo DESINTERÉS.

Las santas religiones, las sublimes sectas, ordenes, sociedades espirituales, etc. merecen nuestro AMOR DESINTERESADO.

Es muy raro encontrar en este mundo alguna persona que ame su religión, su escuela, su secta, etc. desinteresadamente. Eso es lamentable.

Todo el mundo está lleno de ambiciones. Hitler se lanzó a la guerra por ambición.

Todas las guerras tienen su origen en el miedo y la AMBICIÓN. Todos los problemas más graves de la vida tienen su origen en la AMBICIÓN.

Todo el mundo vive en lucha contra todo el mundo debido a la ambición, unos contra otros y todos contra todos.

Toda persona en la vida AMBICIONA SER ALGO y la gente de cierta edad, maestros, padres de familia, tutores, etc., estimulan a los niños, a las niñas, a las señoritas, a los jóvenes, etc. a seguir por el camino horrendo de la AMBICIÓN.

Los mayores les dicen a los alumnos y alumnas, tienes que ser algo en la vida, volverte rico, casarte con gente millonaria, ser poderoso, etc. etc.

Las generaciones viejas, horribles, feas, anticuadas, quieren que las nuevas generaciones sean también ambiciosas, feas, y horribles como ellos.

Lo más grave de todo esto, es que la gente nueva se deja "MAREAR" y también se deja conducir por ese camino horrible de la AMBICIÓN.

Los maestros y maestras deben enseñarle a los ALUMNOS y ALUMNAS que ningún trabajo honrado merece desprecio, es absurdo mirar con desprecio al chofer del taxi, al empleado de mostrador, al campesino, al limpiador de calzado, etc.

Todo trabajo humilde es bello. Todo trabajo humilde es necesario en la vida social.

No todos nacimos para ingenieros, gobernadores, presidentes, doctores, abogados, etc.

En el conglomerado social se necesitan todos los trabajos, todos los oficios, ningún trabajo honrado puede jamás ser despreciable.

En la vida práctica cada ser humano sirve para algo y lo importante es saber para qué sirve cada cual.

Es deber de los MAESTROS y MAESTRAS descubrir la VOCACIÓN de cada estudiante y orientarle en ese sentido.

Aquel que trabare en la vida de acuerdo con su VOCACIÓN, trabajará con AMOR VERDADERO y sin AMBICIÓN.

EL AMOR debe reemplazar a la AMBICIÓN. La VOCACIÓN es aquello que realmente nos gusta, aquella profesión que con alegría desempeñamos porque es lo que nos agrada, lo que AMAMOS.

En la vida moderna por desgracia las gentes trabajan a disgusto y por ambición porque ejercen trabajos que no coinciden con su vocación.

Cuando uno trabaja en lo que le gusta, en su vocación verdadera, lo hace con AMOR porque AMA su vocación, porque sus ACTITUDES para la vida son precisamente las de su vocación.

Ese precisamente es el trabajo de los maestros. Saber orientar a sus alumnos y alumnas, descubrir sus aptitudes, orientarles por el camino de su auténtica vocación.

CAPÍTULO VIII

EL AMOR

Desde los mismos bancos de la escuela los alumnos y alumnas deben comprender en forma ÍNTEGRA eso que se llama AMOR.

EL MIEDO y la DEPENDENCIA suelen confundirse con el AMOR más no son AMOR.

Los alumnos y alumnas dependen de sus padres y maestros y es claro que les respetan y temen a la vez.

Los niños y niñas, los jóvenes y señoritas dependen de sus padres para aquello del vestido, la comida, el dinero, el albergue, etc. y a todas luces resulta claro que se sienten protegidos, saben que dependen de sus padres y por ello les respetan y hasta les temen, pero eso no es AMOR.

Para muestra de lo que estamos diciendo podemos verificar con entera exactitud que todo niño o niña, joven o señorita, le tiene más confianza a sus amiguitos o amiguitas de la escuela, que a sus mismos padres.

Realmente los niños, niñas, jóvenes y señoritas hablan con sus compañeritos y compañeritas, cosas íntimas que jamás en la vida hablarían con sus mismos padres.

Eso nos está demostrando que no hay confianza verdadera entre hijos y padres, que no hay verdadero AMOR.

Se hace URGENTE comprender que existe una diferencia radical entre el AMOR y eso que es respeto, temor, dependencia, miedo.

Es URGENTE saber respetar a nuestros padres y maestros, pero no confundir el respeto con el AMOR.

EL RESPETO y el AMOR deben estar ÍNTIMAMENTE UNIDOS, más no debemos confundir al uno con el otro.

Los padres temen por sus hijos, desean para ellos lo mejor: una buena profesión, un buen matrimonio, protección, etc. y confunden a ese temor con el verdadero AMOR.

Se hace necesario comprender que sin AMOR VERDADERO es imposible que los padres y maestros puedan guiar a las nuevas generaciones sabiamente aun cuando haya muy buenas intenciones.

El camino que conduce al ABISMO está empedrado con MUY BUENAS INTENCIONES.

Vemos el caso mundialmente conocido de "LOS REBELDES SIN CAUSA". Esta es una epidemia mental que se ha propagado por el mundo entero. Multitud de "NIÑOS BIEN", dizque muy amados por sus padres, muy mimados, muy queridos, asaltan transeúntes indefensos, golpean y violan mujeres, roban, apedrean, andan en pandilla causando daño por todas partes, le faltan al respeto a los maestros y padres de familia, etc. etc. etc.

Los "REBELDES SIN CAUSA" son el producto de la falta de verdadero AMOR.

Donde existe verdadero AMOR no pueden existir "REBELDES SIN CAUSA".

Si los padres de familia AMARAN de verdad a sus hijos sabrían orientarlos inteligentemente y entonces no existirían los "REBELDES SIN CAUSA".

Los rebeldes sin causa son el producto de una mala orientación.

Los padres de familia no han tenido suficiente AMOR como para dedicarse de verdad a orientar a sus hijos sabiamente.

Los padres de familia modernos sólo piensan en dinero y darle al hijo más y más, y coche último modelo, y trajes de última moda, etc. pero no aman de verdad no saben amar y por ello "los rebeldes sin causa".

La superficialidad de esta época se debe a la falta de AMOR VERDADERO.

La vida moderna es semejante a un charco sin hondura, sin profundidad.

En el lago profundo de la vida, pueden vivir muchas criaturas, muchos peces, pero el charco situado en la vera del camino, pronto se seca con los ardientes rayos del sol y entonces lo único que queda es el lodo, la podredumbre, la fealdad.

Es imposible comprender la belleza de la vida en todo su esplendor, si no hemos aprendido a AMAR.

Las gentes confunden al respeto y al temor con eso que se llama AMOR.

Respetamos a nuestros superiores y les tememos y entonces creemos que los amamos.

Los niños temen a sus padres y maestros y les respetan y creen entonces que los aman.

Teme el niño al látigo, a la férula, a la mala calificación, al regaño en la casa o en la escuela, etc. y cree entonces que ama a sus padres y maestros, pero en realidad sólo les teme.

Dependemos del empleo, del patrón, tememos a la miseria, a quedarnos sin trabajo y entonces creemos que amamos al patrón y hasta velamos por sus intereses, cuidamos sus propiedades, pero eso no es AMOR, eso es temor.

Muchas gentes tienen miedo de pensar por sí mismas en los misterios de la vida y de la muerte, miedo a inquirir, investigar, comprender, estudiar, etc. y entonces exclaman: ¡YO AMO A DIOS, Y CON ESO ES SUFICIENTE!

Creen que aman a DIOS, pero en realidad no AMAN, temen.

En tiempos de guerra la esposa siente que adora a su marido más que nunca y anhela con ansiedad infinita su regreso a casa, pero en realidad no le ama, sólo teme a quedarse sin marido, sin protección, etc. etc. etc.

La esclavitud psicológica, la dependencia, el depender de alguien, no es AMOR. Es únicamente TEMOR y eso es todo.

El niño en sus estudios depende del MAESTRO o MAESTRA y es claro que le teme a la EXPULSIÓN, a la mala calificación, al regaño y muchas veces cree que le AMA, pero lo que sucede es que le teme.

Cuando la esposa está de parto o en peligro de muerte por cualquier enfermedad, el esposo cree que la ama mucho más, pero en realidad lo que sucede es que teme perderla, depende de ella en muchas cosas, como son comida, sexo, lavado de ropa, caricias, etc. y teme perderla. Eso no es AMOR.

Todo el mundo dice que adora a todo el mundo, pero no hay tal: Es muy raro hallar en la vida alguien que sepa AMAR VERDADERAMENTE.

Si los padres amaran de verdad a sus hijos, si los hijos amaran de verdad a sus padres, si los maestros amaran de verdad a sus alumnos y alumnas no podría haber guerras. Las guerras serían imposibles en un ciento por ciento.

Lo que sucede es que la gente no ha comprendido lo que es el amor, y a todo temor y a toda esclavitud psicológica, y a toda pasión, etc. la confunden con eso que se llama AMOR.

La gente no sabe AMAR, si la gente supiera amar, la vida sería de hecho un paraíso.

Los ENAMORADOS creen que están amando y muchos hasta serían capaces de jurar con sangre que están amando. Más sólo están APASIONADOS. Satisfecha la PASIÓN, el castillo de naipes se viene al suelo.

La PASIÓN suele engañar la MENTE y el CORAZÓN. Todo APASIONADO cree que está ENAMORADO.

Es muy raro hallar en la vida alguna pareja verdaderamente enamorada. Abundan las parejas de APASIONADOS, pero es dificilísimo encontrar una pareja de ENAMORADOS.

Todos los artistas le cantan al AMOR, pero no saben qué cosa es el AMOR y confunden a la PASIÓN con el AMOR.

Si hay algo muy difícil en esta vida, es NO confundir a la PASIÓN con el AMOR.

LA PASIÓN es el veneno más delicioso y más sutil que se pueda concebir, siempre termina triunfando a precio de sangre.

La PASIÓN es SEXUAL ciento por ciento, la PASIÓN es bestial pero algunas veces es también muy refinada y sutil. Siempre se confunde con el AMOR.

Los maestros y maestras deben enseñarle a los alumnos, jóvenes y señoritas, a diferenciar entre el AMOR y la PASIÓN. Sólo así se evitarán más tarde muchas tragedias en la vida.

Los maestros y maestras están obligados a formar la responsabilidad de los alumnos y alumnas y por ello deben prepararlos debidamente para que no se conviertan en trágicos en la vida.

Es necesario comprender eso que es AMOR, eso que no se puede mezclar con los celos, pasiones, violencias, temor, apegos, dependencia psicológica, etc. etc. etc.

EL AMOR desgraciadamente no existe en los seres humanos, pero tampoco es algo que se puede ADQUIRIR, comprar, cultivar como flor de invernadero, etc.

EL AMOR debe NACER en nosotros y sólo NACE cuando hemos comprendido a fondo lo que es el ODIO que llevamos dentro, lo que es el TEMOR, LA PASIÓN SEXUAL, el miedo, la esclavitud psicológica, la dependencia, etc. etc. etc.

Debemos comprender lo que son estos defectos PSICOLÓGICOS, debemos comprender como se procesan en nosotros no sólo en el nivel intelectual de la vida, sino también en otros niveles ocultos y desconocidos del SUBCONSCIENTE.

Se hace necesario extraer de los distintos recovecos de la mente todos esos defectos. Sólo así nace en nosotros en forma espontánea y pura, eso que se llama AMOR.

Es imposible querer transformar el mundo sin la llamarada del AMOR. Sólo el AMOR puede de verdad transformar el mundo.

CAPÍTULO IX

LA MENTE

A través de la experiencia hemos podido comprobar que es imposible comprender ESO QUE SE LLAMA AMOR, hasta que hayamos comprendido en forma ÍNTEGRA el complejo problema de la MENTE.

Quienes suponen que la MENTE es el CEREBRO, están totalmente equivocados. La MENTE es ENERGÉTICA, sutil, puede independizarse de la MATERIA, puede en ciertos estados hipnóticos o durante el sueño normal, transportarse a sitios muy remotos para ver y oír lo que está sucediendo en esos lugares.

En los laboratorios de PARAPSICOLOGÍA se hacen notables experimentos con sujetos en estado HIPNÓTICO.

Muchos sujetos en estado HIPNÓTICO han podido informar con minuciosidad de detalles sobre acontecimientos, personas y situaciones que durante su trance hipnótico se estuvieron sucediendo a remotas distancias.

Los científicos han podido verificar después de esos experimentos, la realidad de esas INFORMACIONES. Han podido comprobar la realidad de los hechos, la exactitud de los ACONTECIMIENTOS.

Con estos experimentos de los laboratorios de PARAPSICOLOGÍA está totalmente demostrado por la observación y la experiencia que el CEREBRO no es la MENTE.

Realmente y de toda verdad podemos decir que la mente puede viajar a través del tiempo y del espacio, independientemente del cerebro, para ver y oír cosas que se suceden en lugares distantes.

La REALIDAD de las EXTRA-PERCEPCIONES SENSORIALES está ya ABSOLUTAMENTE demostrada y sólo a un loco de atar o a un idiota, podría ocurrírsele negar la realidad de las EXTRA-PERCEPCIONES.

El cerebro está hecho para elaborar el pensamiento, pero no es el pensamiento.

El cerebro tan sólo es el instrumento de la MENTE, no es la mente.

Nosotros necesitamos estudiar a fondo la mente si es que de verdad queremos conocer en forma ÍNTEGRA eso que se llama AMOR.

Los niños y los jóvenes, varones y mujeres, tienen mentes más elásticas, dúctiles, prontas, alertas, etc.

Muchos son los niños y jóvenes que gozan preguntando a sus padres y maestros, sobre tales o cuales cosas, ellos desean saber algo más, quieren saber y por eso preguntan, observan, ven ciertos detalles que los adultos desprecian o no perciben.

Conforme pasan los años, conforme avanzamos en edad, la mente se va cristalizando poco a poco.

La mente de los ancianos está fija, petrificada, ya no cambia ni a cañonazos.

Los viejos ya son así y así mueren, ellos no cambian, todo lo abordan desde un punto fijo.

La "CHOCHERA" de los viejos, sus prejuicios, ideas fijas, etc. parecen todo junto una ROCA, una PIEDRA que no cambia de ninguna manera. Por eso dice el dicho vulgar "GENIO Y FIGURA HASTA LA SEPULTURA".

Se hace URGENTE que los maestros y maestras encargadas de formar la PERSONALIDAD de los alumnos y alumnas, estudien muy a fondo la mente, a fin de que puedan orientar a las nuevas generaciones inteligentemente.

Es doloroso comprender a fondo, como a través del tiempo se va petrificando la MENTE poco a poco.

La MENTE es el matador de lo REAL, de lo verdadero. La MENTE destruye el AMOR.

Quien llega a viejo ya no es capaz de AMAR porque su mente está llena de dolorosas experiencias, prejuicios, ideas fijas como punta de acero, etc.

Existen por ahí, viejos verdes que se creen capaces de AMAR TODAVÍA, pero lo que sucede es que dichos viejos están llenos de pasiones sexuales seniles y confunden a la PASIÓN con el AMOR.

Todo "VIEJO VERDE" y "TODA VIEJA VERDE" pasan por tremendos estados lujuriosos pasionales antes de morir y ellos creen que eso es AMOR.

EL AMOR de los viejos es imposible porque la mente lo destruye con sus "CHOCHERAS" IDEAS FIJAS, PREJUICIOS, CELOS, "EXPERIENCIAS", "RECUERDOS", pasiones sexuales, etc. etc. etc.

La MENTE es el peor enemigo del AMOR. En los países SUPERCIVILIZADOS el AMOR ya no existe porque la mente de las gentes sólo huele a fábricas, cuentas de banco, gasolina y celuloide.

Existen muchas botellas para la mente y la mente de cada persona está muy bien embotellada.

Unos tienen la MENTE embotellada en el ABOMINABLE COMUNISMO, otros la tienen embotellada en el despiadado CAPITALISMO.

Hay quienes tienen la MENTE EMBOTELLADA en los celos, en el odio, en el deseo de ser rico, en la buena posición social, en el pesimismo en el apego a determinadas personas, en el apego a sus propios sufrimientos, en sus problemas de familia, etc. etc. etc.

A la gente le encanta embotellar la MENTE, Raros son aquellos que se resuelven de verdad a volver pedazos la botella.

Necesitamos LIBERTAR LA MENTE, pero a la gente le agrada la esclavitud, es muy raro encontrar a alguien en la vida que no tenga la MENTE bien embotellada.

Los maestros y maestras deben enseñar a sus alumnos y alumnas todas estas cosas. Deben enseñarles a las nuevas generaciones a investigar su propia mente, a observarla, a comprenderla, sólo así mediante la COMPRENSIÓN de fondo podemos evitar que la mente se cristalice, se congele, se embotelle.

Lo único que puede transformar el mundo es eso que se llama AMOR, pero la mente destruye el AMOR.

Necesitamos ESTUDIAR nuestra propia mente, observarla, investigarla profundamente, comprenderla verdaderamente. Sólo así, sólo haciéndonos amos de sí mismos, de nuestra propia mente, mataremos al matador del AMOR y seremos felices de verdad.

Aquellos que viven fantaseando a lo lindo sobre el AMOR, aquellos que viven haciendo proyectos sobre el AMOR, aquellos que quieren que el AMOR opere de acuerdo a sus gustos y disgustos, proyectos y fantasías, normas y prejuicios, recuerdos y experiencias, etc. jamás podrán saber realmente lo que es AMOR, de hecho, ellos se han convertido en enemigos del AMOR.

Es necesario comprender en forma ÍNTEGRA lo que son los procesos de la mente en estado de acumulación de experiencias.

El maestro, la maestra, regañan muchas veces en forma justa, pero a veces estúpidamente y sin verdadero motivo, sin comprender que todo regaño injusto queda depositado en la mente de los estudiantes, el resultado de semejante proceder equivocado, suele ser la pérdida del AMOR para el MAESTRO, para la MAESTRA.

La MENTE destruye el AMOR y esto es algo que los MAESTROS y MAESTRAS de escuelas, colegios y universidades no deben olvidar jamás.

Es necesario comprender a fondo todos esos procesos mentales que acaban con la belleza del AMOR.

No basta ser padre o madre de familia, hay que saber AMAR. Los padres y madres de familia creen que aman a sus hijos e hijas porque los tienen, porque son suyos, porque los poseen, como quien tiene una bicicleta, un automóvil, una casa.

Ese sentido de posesión, de dependencia, suele confundirse con el AMOR, pero jamás podría ser AMOR.

Los maestros y maestras de nuestro segundo hogar que es la escuela, creen que aman a sus discípulos, a sus discípulas, porque les pertenecen como tales, porque los poseen, pero eso no es AMOR. El sentido de posesión o dependencia NO ES AMOR.

La MENTE destruye el AMOR y sólo comprendiendo todos los funcionalismos equivocados de la mente, nuestra forma absurda de pensar, nuestras malas costumbres, hábitos automáticos, mecanicistas, manera equivocada de ver las cosas, etc. podemos llegar a vivenciar, a experimentar de VERDAD eso que no pertenece al tiempo, eso que se llama AMOR.

Quienes quieren que el AMOR se convierta en una pieza de su propia máquina rutinaria, quienes quieren que el AMOR camine por los carriles equivocados de sus propios prejuicios, apetencias, temores, experiencias de la vida, modo egoísta de ver las cosas, forma equivocada de pensar, etc. acaban de hecho con el AMOR porque éste jamás se deja someter.

Quienes quieren que el AMOR funcione como YO QUIERO, como YO DESEO, como YO PIENSO, pierden el AMOR porque CUPIDO, el DIOS del AMOR, no está dispuesto jamás a dejarse esclavizar por el YO.

Hay que acabar con el YO, con el MÍ MISMO, con el SÍ MISMO para no perder el niño del AMOR.

EL YO es un manojo de recuerdos, apetencias, temores, odios, pasiones, experiencias, egoísmos, envidias, codicias, lujuria, etc. etc. etc.

Sólo comprendiendo cada defecto por separado; sólo estudiándolo, observándolo directamente no sólo en la región intelectual, sino también en todos los niveles subconscientes de la mente, va desapareciendo cada defecto, vamos muriendo de momento en momento. Así y sólo así logramos la desintegración del YO.

Quienes quieren embotellar el AMOR dentro de la horrible botella del yo, pierden el AMOR, se quedan sin él, porque el AMOR jamás puede ser embotellado.

Desgraciadamente la gente quiere que el AMOR se comporte de acuerdo con sus propios hábitos, deseos, costumbres, etc., la gente quiere que el AMOR se someta al YO y eso es completamente imposible porque el AMOR no le obedece al YO.

Las parejas de enamorados, o mejor dijéramos apasionados, suponen que el AMOR debe marchar fielmente por los carriles de sus propios deseos, concupiscencias, errores, etc., y en esto están totalmente equivocados.

¡Hablemos de los dos!, dicen los enamorados o apasionados sexualmente, que es lo que más abunda en este Mundo, y, luego vienen las pláticas, los proyectos, los anhelos y suspiros. Cada cual dice algo, expone sus proyectos, sus deseos, su manera de ver las cosas de la vida y quiere que el AMOR se mueva como una máquina de ferrocarril por los carriles de acero trazados por la mente.

¡Cuán equivocados andan esos Enamorados o apasionados!, que lejos están de la realidad.

El AMOR no le obedece al YO y cuando quieren los cónyuges ponerle cadenas al cuello y someterlo, huye dejando a la pareja en desgracia.

La MENTE tiene el mal gusto de comparar. El hombre compara una novia con otra. La mujer compara un hombre con otro. El Maestro compara a un alumno con otro, a una alumna con otra como si todos sus alumnos no mereciesen el mismo aprecio. Realmente toda comparación es ABOMINABLE.

Quien contempla una bella puesta de sol y la compara con otra, no sabe realmente comprender la belleza que tiene ante sus ojos.

Quien contempla una bella montaña y la compara con otra que vio ayer, no está realmente comprendiendo la belleza de la montaña que tiene ante sus ojos.

Donde existe COMPARACIÓN no existe el AMOR VERDADERO. El Padre y la Madre que aman a sus hijos de verdad, jamás los comparan con nadie, los aman y eso es todo.

El esposo que realmente ama a su esposa, jamás comete el error de compararla con nadie, le ama y eso es todo.

EL MAESTRO o la Maestra que aman a sus alumnos y alumnas jamás los discriminan, nunca les comparan entre sí, los aman de verdad y eso es todo.

La Mente Dividida por las comparaciones, la mente esclava del DUALISMO, destruye el AMOR.

La Mente dividida por el batallar de los opuestos no es capaz de comprender lo nuevo, se petrifica, se congela.

La MENTE TIENE MUCHAS PROFUNDIDADES, Regiones, terrenos subconscientes, recovecos, pero lo mejor es la ESENCIA, la CONCIENCIA y está en el Centro.

Cuando el DUALISMO se acaba, cuando la mente se torna ÍNTEGRA, SERENA, QUIETA, PROFUNDA, cuando ya no compara, entonces despierta LA ESENCIA, LA CONCIENCIA y ese debe ser el objetivo verdadero de la EDUCACIÓN FUNDAMENTAL.

Distingamos entre OBJETIVO y SUBJETIVO. En lo OBJETIVO hay conciencia despierta. En lo SUBJETIVO hay Conciencia dormida, SUBCONSCIENCIA.

Sólo la CONCIENCIA OBJETIVA puede gozar el CONOCIMIENTO OBJETIVO.

La información intelectual que actualmente reciben los Alumnos y Alumnas de todas las Escuelas, Colegios y Universidades, es SUBJETIVA ciento por ciento.

El CONOCIMIENTO OBJETIVO no puede ser adquirido sin CONCIENCIA OBJETIVA.

Los Alumnos y Alumnas deben llegar primero a la AUTOCONCIENCIA y después a la CONCIENCIA OBJETIVA.

Sólo por el CAMINO DEL AMOR podemos llegar a la CONCIENCIA OBJETIVA y el CONOCIMIENTO OBJETIVO.

Es necesario comprender el COMPLEJO PROBLEMA DE LA MENTE si es que de verdad queremos recorrer el CAMINO DEL AMOR.

CAPÍTULO X

SABER ESCUCHAR

E n el mundo existen muchos oradores que asombran por su elocuencia, más son pocas las personas que saben escuchar.

Saber escuchar es muy difícil, pocas son de verdad las personas que de verdad saben escuchar.

CUANDO HABLA EL MAESTRO, la maestra, el conferencista, el auditorio parece estar muy atento, como siguiendo en detalles cada palabra del orador, todo da la idea de que están escuchando, de que se hallan en estado de alerta, más en el fondo psicológico de cada individuo hay un secretario que traduce cada palabra del orador.

ESTE SECRETARIO ES EL YO, EL MÍ MISMO, EL SÍ MISMO. El trabajo de dicho secretario consiste en mal interpretar, mal traducir las palabras del orador.

EL YO traduce de acuerdo con sus prejuicios, preconceptos, temores, orgullo, ansiedades, ideas, memorias, etc., etc., etc.

Los alumnos en la escuela, las alumnas, los individuos que sumados constituyen el auditorio que escucha, realmente no están escuchando al orador, se están escuchando a sí mismos, están escuchando a su propio EGO, a su querido EGO MAQUIAVÉLICO, que no está dispuesto a aceptar lo REAL, lo VERDADERO, lo ESENCIAL.

Solo en estado de alerta NOVEDAD, con MENTE ESPONTÁNEA libre del peso del pasado, en estado de plena RECEPTIVIDAD, podemos realmente escuchar sin la intervención de ese pésimo secretario de mal agüero llamado YO, MÍ MISMO, SÍ MISMO, EGO.

Cuando la mente está condicionada por la memoria, sólo repite lo que tiene acumulado.

La Mente condicionada por las experiencias de tantos y tantos ayeres, sólo puede ver el presente a través de los lentes turbios del pasado.

SI QUEREMOS SABER ESCUCHAR, si queremos aprender a escuchar para descubrir lo nuevo, debemos vivir de acuerdo a la filosofía de la MOMENTANEIDAD.

Es urgente vivir de momento en momento sin las preocupaciones del pasado, y sin los proyectos del futuro.

La VERDAD es lo desconocido de momento en momento, nuestras mentes deben estar siempre alertas, en plena atención, libres de prejuicios, preconceptos, a fin de ser realmente receptivas.

Los Maestros y Maestras de escuela deben enseñarle a sus alumnos y alumnas la profunda significación que se encierra en eso de saber escuchar.

Es necesario aprender a vivir sabiamente, reafirmar nuestros sentidos, refinar nuestra conducta, nuestros pensamientos, nuestros sentimientos.

De nada sirve tener una gran cultura académica, si no sabemos escuchar, si no somos capaces de descubrir lo nuevo de momento en momento.

Necesitamos refinar la atención, refinar nuestros modales, refinar nuestras personas, las cosas, etc., etc., etc.

Es imposible ser verdaderamente refinado cuando no sabemos escuchar.

Las Mentes toscas, rudas, deterioradas, degeneradas, jamás saben escuchar, jamás saben descubrir lo nuevo, esas Mentes sólo comprenden, sólo entienden en forma equivocada las traducciones absurdas de ese secretario satánico llamado YO, MÍ MISMO, EGO.

Ser refinado es algo muy difícil y requiere plena atención. Alguien puede ser persona muy refinada en las modas, trajes, vestidos, jardines, automóviles, amistades, y, sin embargo, continuar en lo íntimo siendo rudo, tosco, pesado.

Quien sabe vivir de momento en momento, marcha realmente por el camino del verdadero refinamiento.

Quien tenga Mente receptiva, espontánea, íntegra, alerta, camina por la senda del auténtico refinamiento.

Quien se abre a todo lo nuevo abandonando el peso del pasado, los preconceptos, los prejuicios, recelos, fanatismos, etc., marcha triunfalmente por el camino del legítimo refinamiento.

La mente degenerada vive embotellada en el pasado, en los preconceptos, orgullo, amor propio, prejuicios, etc., etc.

La mente degenerada no sabe ver lo nuevo, no sabe escuchar, está condicionada por el AMOR PROPIO.

Los fanáticos del MARXISMO-LENINISMO no aceptan lo nuevo; no admiten la cuarta CARACTERÍSTICA de todas las cosas, la cuarta DIMENSIÓN, por amor propio, se quieren demasiado a sí mismos, se apegan a sus propias teorías materialistas absurdas y cuando los situamos en el terreno de los hechos concretos, cuando les demostramos el absurdo de sus sofismas, levantan el brazo izquierdo, miran las manecillas de su reloj de pulso, dan una disculpa evasiva y se van.

Esas son mentes degeneradas, mentes decrépitas que no saben escuchar, que no saben descubrir lo nuevo, que no aceptan la realidad porque están embotelladas en el AMOR PROPIO. Mentes que se quieren demasiado a sí mismas, mentes que no saben de REFINAMIENTOS CULTURALES, mentes toscas, mentes rudas, que sólo escuchan a su querido EGO.

LA EDUCACIÓN FUNDAMENTAL enseña a escuchar, enseña a vivir sabiamente.

Los maestros y maestras de escuelas, colegios, universidades deben enseñarles a sus alumnos y alumnas el camino auténtico del verdadero refinamiento vital.

De nada sirve permanecer diez y quince años metidos en escuelas, colegios y universidades, si al salir somos internamente verdaderos cerdos en nuestros pensamientos, ideas, sentimientos y costumbres.

Se necesita la EDUCACIÓN FUNDAMENTAL en forma urgente porque las nuevas generaciones significan el comienzo de una nueva era.

Ha llegado la hora de la REVOLUCIÓN VERDADERA, ha llegado el instante de la REVOLUCIÓN FUNDAMENTAL.

El pasado es el pasado y ya dio sus frutos. Necesitamos comprender la honda significación del momento en que vivimos.

CAPÍTULO XI

SABIDURÍA Y AMOR

L a SABIDURÍA y el AMOR son las dos columnas torales de toda verdadera civilización.

En un platillo de la balanza de la justicia debemos poner la SABIDURÍA, en el otro platillo debemos poner el AMOR.

La Sabiduría y el Amor deben equilibrarse mutuamente. La Sabiduría sin Amor es un elemento destructivo. El Amor sin Sabiduría puede conducirnos al error: "AMOR ES LEY, PERO AMOR CONSCIENTE".

Es necesario estudiar mucho y adquirir conocimientos, pero es también URGENTE desarrollar en nosotros el SER ESPIRITUAL.

El conocimiento sin el SER ESPIRITUAL bien desarrollado en forma armoniosa dentro de nosotros, viene a ser la causa de eso que se llama BRIBONISMO.

El SER bien desarrollado dentro de nosotros, pero sin conocimientos intelectuales de ninguna especie, da origen a Santos estúpidos.

Un Santo estúpido posee el SER ESPIRITUAL muy desarrollado, pero como no tiene conocimientos intelectuales, no puede hacer nada porque no sabe cómo hacer.

EL SANTO estúpido tiene el poder de Hacer, pero no puede hacer porque no sabe cómo hacer.

El conocimiento intelectual sin el SER ESPIRITUAL bien desarrollado produce confusión intelectual, perversidad, orgullo, etc., etc.

Durante la Segunda Guerra Mundial millares de científicos desprovistos de todo elemento Espiritual en nombre de la ciencia y de la humanidad, cometieron crímenes espantosos con el propósito de hacer experimentos científicos.

Necesitamos formarnos una poderosa cultura intelectual pero equilibrada tremendamente con la verdadera Espiritualidad consciente.

Necesitamos una ÉTICA REVOLUCIONARIA y una PSICOLOGÍA REVOLUCIONARIA si es que de verdad queremos disolver el YO para desarrollar el SER legítimamente Espiritual en nosotros.

Es lamentable que por falta de AMOR las gentes utilicen el INTELECTO en forma destructiva.

Los alumnos y alumnas necesitan estudiar ciencias, historia, matemáticas, etc., etc.

Se necesita adquirir los conocimientos vocacionales, con el propósito de ser útiles al prójimo.

Estudiar es necesario. Acumular conocimientos básicos es indispensable, pero el miedo no es indispensable.

Muchas gentes acumulan conocimientos por miedo; tienen Miedo a la vida, a la muerte, al hambre, a la miseria, al qué dirán, etc., y por ese motivo estudian.

Se debe estudiar por Amor a nuestros semejantes con el anhelo de servirles mejor, pero jamás se debe estudiar por miedo.

En la vida práctica hemos podido comprobar que todos aquellos estudiantes que estudian por miedo, tarde o temprano se convierten en bribones.

Necesitamos sincerarnos con nosotros mismos para auto observarnos y descubrir en nosotros mismos todos los procesos del miedo.

No debemos olvidar jamás en la vida que el miedo tiene muchas fases. A veces el miedo se confunde con el valor. Los soldados en el campo de batalla parecen muy valerosos, pero en realidad se mueven y pelean debido al miedo. El suicida también parece a simple vista muy valeroso, pero en realidad es un cobarde que le tiene miedo a la vida.

Todo bribón en la vida aparenta ser muy valeroso, pero en el fondo es un cobarde.

Los bribones suelen utilizar la profesión y el poder en forma destructiva cuando tienen miedo. Ejemplo: Castro Ruz; en Cuba.

Nosotros jamás nos pronunciamos contra la experiencia de la vida práctica ni contra el cultivo del intelecto, pero condenamos la falta de AMOR.

El conocimiento y las experiencias de la vida resultan destructivos cuando falta el AMOR.

EL EGO suele atrapar las experiencias y los conocimientos intelectuales cuando existe ausencia de eso que se llama AMOR.

EL EGO abusa de las experiencias y del intelecto cuando los utiliza para robustecerse.

Desintegrando el EGO, YO, MÍ MISMO, las experiencias y el Intelecto quedan en manos del SER ÍNTIMO y todo abuso se hace entonces imposible.

Todo estudiante debe orientarse por el camino vocacional y estudiar muy a fondo todas las teorías que se relacionen con su vocación.

El estudio, el intelecto, no perjudican a nadie más no debemos abusar del intelecto.

Necesitamos estudiar para no abusar de la mente. Abusa de la mente quien quiere estudiar las teorías de distintas vocaciones, quien quiere dañar a otros con el intelecto, quien ejerce violencia sobre la mente ajena, etc., etc., etc.

Es necesario estudiar las materias profesionales y las materias espirituales para tener une mente equilibrada.

Es URGENTE llegar a la SÍNTESIS intelectual y a la síntesis Espiritual si es que de verdad queremos una mente equilibrada.

Los Maestros y Maestras de Escuelas, colegios, Universidades, etc., deben estudiar a fondo nuestra Psicología Revolucionaria si es que de verdad quieren conducir a sus estudiantes por el camino de la REVOLUCIÓN FUNDAMENTAL.

Es necesario que los estudiantes adquieran el SER ESPIRITUAL, desarrollen en sí mismos el SER VERDADERO, para que salgan de la Escuela convertidos en individuos responsables y no en estúpidos BRIBONES.

De nada sirve la Sabiduría sin Amor. El Intelecto sin Amor sólo produce Bribones.

La Sabiduría en sí misma es Sustancia Atómica, capital Atómico que sólo debe ser administrado por individuos llenos de verdadero Amor.

CAPÍTULO XII

GENEROSIDAD

Es necesario amar y ser amado, pero para desgracia del mundo las gentes ni aman ni son amadas.

Eso que se llama amor es algo desconocido para las gentes y lo confunden fácilmente con la pasión y con el temor.

Si las gentes pudieran amar y ser amadas, las guerras serían completamente imposibles sobre la faz de la tierra.

Muchos matrimonios que podrían verdaderamente ser felices, desgraciadamente no lo son debido a los viejos resentimientos acumulados en la memoria.

Si los cónyuges tuvieran generosidad, olvidarían el pasado doloroso y vivirían en plenitud, llenos de verdadera felicidad.

La mente mata al amor, lo destruye. Las experiencias, los viejos disgustos, los antiguos celos, todo esto acumulado en la memoria, destruye el amor.

Muchas esposas resentidas podrían ser felices si tuvieran generosidad suficiente como para olvidar el pasado y vivir en el presente adorando al esposo.

Muchos maridos podrían ser verdaderamente felices con sus esposas si tuvieran generosidad suficiente, como para perdonar viejos errores y echar al olvido rencillas y sinsabores acumulados en la memoria.

Es necesario, es urgente que los matrimonios comprendan la honda significación del momento.

Esposos y esposas deben sentirse siempre como recién casados, olvidando lo pasado y viviendo alegremente en el presente.

El amor y los resentimientos son sustancias atómicas incompatibles. En el amor no puede existir resentimientos de ninguna especie. El amor es eterno perdón.

Existe amor en aquellos que sienten angustia verdadera por los sufrimientos de sus amigos y enemigos. Existe amor verdadero en aquel que de todo corazón trabaja por el bienestar de los humildes, de los pobres, de los necesitados.

Existe amor en aquel que de manera espontánea y natural siente simpatía por el campesino que riega el surco con su sudor, por el aldeano que sufre, por el mendigo que pide una moneda y por el humilde perro angustiado y enfermo que fallece de hambre a la vera del camino.

Cuando de todo corazón ayudamos a alguien, cuando en forma natural y espontánea cuidamos el árbol y regamos las flores del jardín sin que nadie nos lo exija, hay auténtica generosidad, verdadera simpatía, verdadero amor.

Desafortunadamente para el mundo, las gentes no tienen verdadera generosidad.

Las gentes sólo se preocupan por sus propios logros egoístas, anhelos, éxitos, conocimientos, experiencias, sufrimientos, placeres, etc. etc.

En el mundo existen muchas personas, que sólo poseen falsa generosidad. Existe falsa generosidad en el político astuto, en el zorro electoral que derrocha dineros con el propósito egoísta de conseguir poder, prestigio, posición, riquezas, etc., etc. No debemos confundir gato con liebre.

La verdadera generosidad es absolutamente desinteresada, pero fácilmente se puede confundir con la falsa generosidad egoísta de los zorros de la política, de los pillos capitalistas, de los sátiros que codician una mujer, etc. etc.

Debemos ser generosos de corazón. La generosidad verdadera no es de la Mente, la generosidad auténtica es el perfume del corazón.

Si las gentes tuvieran generosidad olvidarían todos los resentimientos acumulados en la memoria, todas las experiencias dolorosas de los muchos ayeres, y aprenderían a vivir de momento en momento, siempre felices, siempre generosos, llenos de verdadera sinceridad.

Desgraciadamente el YO es memoria y vive en el pasado, quiere siempre volver al pasado. El pasado acaba con las gentes, destruye la felicidad, mata el amor.

La mente embotellada en el pasado jamás puede comprender en forma íntegra la honda significación del momento en que vivimos.

Son muchas las gentes que nos escriben buscando consuelo, pidiendo un bálsamo precioso para sanar su adolorido corazón, más son pocos aquellos que se preocupan por consolar al afligido.

Son muchas las personas que nos escriben para relatarnos el estado miserable en que viven, pero son raros aquellos que parten el único pan que les ha de alimentar para compartirlo con los otros necesitados.

No quieren las gentes entender que detrás de todo efecto existe una causa y que sólo alterando la causa modificamos el efecto.

El YO, nuestro querido YO, es energía que ha vivido en nuestros antecesores y que ha originado ciertas causas pretéritas cuyos efectos presentes condicionan nuestra existencia.

Necesitamos GENEROSIDAD para modificar causas y transformar efectos. Necesitamos generosidad para dirigir sabiamente el barco de nuestra existencia.

Necesitamos generosidad para transformar radicalmente nuestra propia vida.

La legítima generosidad efectiva no es de la mente. La auténtica simpatía y el verdadero afecto sincero, jamás pueden ser el resultado del miedo.

Es necesario comprender que el miedo destruye la simpatía, acaba con la generosidad del corazón y aniquila en nosotros el perfume delicioso del AMOR.

El miedo es la raíz de toda corrupción, el origen secreto de toda guerra, el veneno mortal que degenera y mata.

Los maestros y maestras de escuelas, colegios y universidades deben comprender la necesidad de encaminar a sus alumnos y alumnas por la senda de la generosidad verdadera, el valor, y la sinceridad del corazón.

Las gentes rancias y torpes de la pasada generación, en vez de comprender lo que es ese veneno del miedo, lo cultivaron como flor fatal de invernadero. El resultado de semejante proceder fue la corrupción, el caos y la anarquía.

Los maestros y maestras deben comprender la hora en que vivimos, el estado crítico en que nos encontramos y la necesidad de levantar las nuevas generaciones sobre las bases de una ética revolucionaria que esté a tono con la era atómica que en estos instantes de angustia y de dolor se está iniciando entre el augusto tronar del pensamiento.

LA EDUCACIÓN FUNDAMENTAL se basa en una Psicología revolucionaria y en una ética revolucionaria, acordes con el nuevo ritmo vibratorio de la nueva era.

El sentido de cooperación habrá de desplazar totalmente al horrible batallar de la competencia egoísta. Se hace imposible saber cooperar cuando excluimos el principio de generosidad efectiva y revolucionaria.

Es urgente comprender en forma íntegra, no sólo en el nivel intelectual, sino también en los distintos recovecos inconscientes de la mente inconsciente y subconsciente lo que es la falta de generosidad y el horror del egoísmo. Sólo haciendo conciencia de lo que es en nosotros el egoísmo y la falta de generosidad brota en nuestro corazón la fragancia deliciosa del VERDADERO AMOR y de la EFECTIVA GENEROSIDAD que no es de la mente.

Capítulo XIII

Comprensión y Memoria

Recordar es tratar de almacenar en la Mente lo que hemos visto y oído, lo que hemos leído, lo que otras personas nos han dicho, lo que nos ha sucedido, etc. etc. etc.

Los maestros y maestras quieren que sus alumnos y alumnas almacenen en su memoria sus palabras, sus frases, lo que está escrito en los textos escolares, capítulos enteros, tareas abrumadoras, con todos sus puntos y comas, etc.

Pasar exámenes significa rememorar lo que nos han dicho, lo que hemos leído mecánicamente, verbalizar memoria, repetir como papagayos, loros o cotorros, todo lo que tenemos almacenado en la memoria.

Es necesario que la nueva generación entienda que repetir como disco de Radio-consola todas las grabaciones hechas en la memoria, no significa haber comprendido a fondo. Recordar no es comprender, de nada sirve recordar sin comprender, el recuerdo pertenece al pasado, es algo muerto, algo que ya no tiene vida.

Es indispensable, es urgente y de palpitante actualidad que todos los alumnos y alumnas de escuelas, colegios y universidades entiendan realmente el hondo significado de la profunda comprensión.

COMPRENDER es algo inmediato, directo, algo que vivenciamos intensamente, algo que experimentamos muy profundamente y que inevitablemente viene a convertirse en el verdadero RESORTE íntimo de la acción consciente.

Recordar, rememorar es algo muerto, pertenece al pasado y desgraciadamente se convierte en ideal, en lema, en idea, en idealismo que queremos imitar mecánicamente y seguir inconscientemente.

En la COMPRENSIÓN VERDADERA, en la comprensión profunda, en la íntima comprensión de fondo sólo hay presión íntima de la conciencia, presión constante nacida de la esencia que llevamos dentro y eso es todo.

La comprensión auténtica se manifiesta como acción espontánea, natural, sencilla, libre del proceso deprimente de la elección; pura, sin indecisiones de ninguna especie. La COMPRENSIÓN convertida en RESORTE SECRETO de la acción es formidable, maravillosa, edificante y esencialmente dignificante.

La acción basada en la recordación de lo que hemos leído, del ideal al que aspiramos, de la norma, de conducta que nos han enseñado, de las experiencias acumuladas en la memoria, etc., es calculadora, depende de la opción deprimente, es dualista, se basa en la elección conceptual y sólo conduce inevitablemente al error y al dolor.

Eso de acomodar la acción a la recordación, eso de tratar de modificar la acción para que coincida con los recuerdos acumulados en la memoria, es algo artificioso, absurdo sin espontaneidad y que inevitablemente sólo puede conducirnos al error y al dolor.

Eso de pasar exámenes, eso de pasar año, lo hace cualquier mentecato que tenga una buena dosis de astucia y memoria.

Comprender las materias que se han estudiado y en las cuales se nos va a examinar, es algo muy distinto, nada tiene que ver con la memoria, pertenece a la verdadera inteligencia que no debe ser confundida con el intelectualismo.

Aquellas personas que quieren basar todos los actos de su vida en los ideales, teorías y recuerdos de toda especie acumulados en las bodegas de la memoria, andan siempre de comparación en comparación y donde existe comparación existe también la envidia. Esas gentes comparan sus personas, sus familiares, sus hijos con los hijos del vecino, con las personas vecinas. Comparan su casa, sus muebles, sus ropas, todas sus cosas, con las cosas del vecino o de los vecinos o del prójimo. Comparan sus ideas, la inteligencia de sus hijos con las ideas de otras gentes, con la inteligencia de otras personas y viene la envidia que se convierte entonces en el resorte secreto de la acción.

Para desgracia del mundo todo el mecanismo de la sociedad se basa en la envidia y el espíritu adquisitivo. Todo el mundo envidia a todo el mundo. Envidiamos las ideas, las cosas, las personas y queremos adquirir dinero y más dinero, nuevas teorías, nuevas ideas que acumulamos en la memoria, nuevas cosas para deslumbrar a nuestros semejantes, etc.

En la COMPRENSIÓN VERDADERA, legítima, auténtica, existe verdadero amor y no mera verbalización de la memoria.

Las cosas que se recuerdan, aquello que se le confía a la memoria, pronto cae en el olvido porque la memoria es infiel. Los estudiantes depositan en los almacenes de la memoria, ideales, teorías, textos completos que de nada sirven en la vida práctica porque al fin desaparecen de la memoria sin dejar rastro alguno.

Las gentes que sólo viven leyendo y leyendo mecánicamente, las gentes que gozan almacenando teorías entre las bodegas de la memoria destruyen la mente, la dañan miserablemente.

Nosotros no nos pronunciamos contra el verdadero estudio profundo y consciente basado en la comprensión de fondo. Nosotros sólo condenamos los métodos anticuados de la pedagogía extemporánea. Condenamos todo sistema mecánico de estudio, toda memorización, etc. La recordación sale sobrando donde existe verdadera comprensión.

Necesitamos estudiar, se necesitan los libros útiles, se necesitan los maestros y maestras de escuela, colegios, universidades. Se necesita el GURÚ, los guías espirituales, mahatmas, etc. pero es necesario comprender en forma íntegra las enseñanzas y no meramente depositarlas entre las bodegas de la infiel memoria.

Jamás podremos ser verdaderamente libres mientras tengamos el mal gusto de estarnos comparando a sí mismos con el recuerdo acumulado en la memoria, con el ideal, con lo que ambicionamos llegar a ser y no somos, etc. etc.

Cuando verdaderamente comprendamos las enseñanzas recibidas, no necesitamos recordarlas en la memoria, ni convertirlas en ideales.

Donde existe comparación de lo que somos aquí y ahora con lo que queremos llegar a ser más tarde, donde existe comparación de nuestra vida práctica con el ideal o modelo al cual queremos acomodarnos, no puede existir verdadero amor.

Toda comparación es abominable, toda comparación trae miedo, envidia, orgullo, etc. Miedo de no lograr lo que queremos, envidia por el progreso ajeno, orgullo porque nos creemos superiores a los demás. Lo importante en la vida práctica en que vivimos, ya seamos feos, envidiosos, egoístas, codiciosos, etc., es no presumir de santos, partir de cero absoluto, y comprendernos a sí mismos profundamente, tal como somos y no como queremos llegar a ser o como presumimos ser.

Es imposible disolver el YO, el MÍ MISMO, si no aprendemos a observarnos, a percibir para comprender lo que realmente somos aquí y ahora en forma efectiva y absolutamente práctica.

Si realmente queremos comprender debemos escuchar a nuestros maestros, maestras, gurús, sacerdotes, preceptores, guías espirituales, etc., etc.

Los muchachos, y muchachas de la nueva ola han perdido el sentido del respeto, de la veneración a nuestros padres, maestros, maestras, guías espirituales, gurús, mahatmas, etc.

Es imposible comprender las enseñanzas cuando no sabemos venerar y respetar a nuestros padres, maestros, preceptores o guías espirituales.

La simple recordación mecánica de lo que hemos aprendido sólo de memoria sin comprensión de fondo, mutila la mente y el corazón y engendra envidia, miedo, orgullo, etc.

Cuando de verdad sabemos escuchar en forma consciente y profunda surge dentro de nosotros un poder maravilloso, una comprensión formidable, natural, sencilla, libre de todo proceso mecánico, libre de toda cerebración, libre de toda recordación.

Si se descarga el cerebro del estudiante del enorme esfuerzo de memoria que debe realizar, será totalmente posible enseñar la estructura del núcleo y la tabla periódica de los elementos a los alumnos de segunda enseñanza y hacer comprender la relatividad y los Quanta a un bachiller.

Como hemos platicado con algunos profesores y profesoras de escuelas secundarias comprendemos que se aferran con verdadero fanatismo a la vieja pedagogía anticuada y extemporánea. Quieren que los alumnos y alumnas aprendan todo de memoria, aunque no lo comprendan.

A veces aceptan que es mejor comprender que memorizar, pero entonces insisten en que las fórmulas de física, química, matemáticas, etc. deben grabarse en la memoria.

Es claro que dicho concepto es falso, porque cuando una fórmula de física, química, matemáticas, etc., es debidamente comprendida no sólo en el nivel intelectual, sino también en los otros niveles de la mente como son el inconsciente, subconsciente, infra consciente etc. etc. etc. No se necesita grabar en la memoria, viene a formar parte de nuestra psiquis y puede manifestarse como conocimiento instintivo inmediato cuando circunstancias de la vida lo exigen.

Este conocimiento ÍNTEGRO nos viene a dar una forma de OMNISCIENCIA, un modo de manifestación consciente objetiva.

La comprensión de fondo y en todos los niveles de la mente sólo es posible mediante la meditación introspectiva profunda.

CAPÍTULO XIV

INTEGRACIÓN

Uno de los anhelos más grandes de la Psicología es llegar a la INTEGRACIÓN TOTAL.

Si el YO fuera INDIVIDUAL, el problema de la INTEGRACIÓN PSICOLÓGICA seria resuelto con suma facilidad, pero para desgracia del mudo el YO existe dentro de cada persona en forma PLURALIZADA.

El YO PLURALIZADO es la causa fundamental de todas nuestras íntimas contradicciones.

Si pudiéramos vernos en un espejo de cuerpo entero tal como somos PSICOLÓGICAMENTE con todas nuestras íntimas contradicciones, llegaríamos a la penosa conclusión de que no tenemos todavía verdadera individualidad.

El organismo humano es una máquina maravillosa controlada por el YO PLURALIZADO que es estudiado a fondo por la PSICOLOGÍA REVOLUCIONARIA.

Voy a leer el periódico dice el YO INTELECTUAL; Quiero asistir a la fiesta exclama el YO EMOCIONAL; al DIABLO con la fiesta gruñe el YO DEL MOVIMIENTO, mejor me voy a pasear, YO no quiero pasear grita el YO del instinto de conservación, tengo hambre y voy a comer, etc.

Cada uno de los pequeños YOES que constituyen el EGO, quiere mandar, ser el amo, el señor.

A la luz de la Psicología revolucionaria podemos comprender que el YO es legión y que el Organismo es una máquina.

Los pequeños YOES riñen entré sí, se pelean por la supremacía, cada uno quiere ser el jefe, el amo, el señor.

Esto explica el lamentable estado de desintegración psicológica en que vive el pobre animal intelectual equivocadamente llamado HOMBRE.

Es necesario comprender lo qué significa la palabra DESINTEGRACIÓN en PSICOLOGÍA. Desintegrarse es desbaratarse, dispersarse, desgarrarse, contradecirse, etc.

La principal causa de DESINTEGRACIÓN PSICOLÓGICA es la envidia que suele manifestarse a veces en formas exquisitamente sutiles y deliciosas.

La envidia es polifacética y existen millares de razones para justificarla. La envidia es el resorte secreto de toda la maquinaria social. A los Imbéciles les encanta justificar la envidia.

El rico envidia al rico y quiere ser más rico. Los pobres envidian a los ricos y quieren ser ricos también. El que escribe envidia al que escribe y quiere escribir mejor. El que tiene mucha experiencia envidia al que tiene más experiencia y desea tener más que aquel.

Las gentes no se contentan con pan, abrigo y refugio. El resorte secreto de la envidia por el automóvil ajeno, por la casa ajena, por el traje del vecino, por el mucho dinero del amigo o del enemigo, etc. produce deseos de mejorar, adquirir cosas y más cosas, vestidos, trajes, virtudes, para no ser menos que otros etc. etc. etc.

Lo más trágico de todo esto es que el proceso acumulativo de experiencias, virtudes, cosas, dineros, etc. robustece el YO PLURALIZADO intensificándose entonces dentro de nosotros mismos las íntimas contradicciones, las espantosas desgarraduras, las crueles batallas de nuestro fuero interno, etc. etc. etc.

Todo eso es dolor. Nada de eso puede traer contento verdadero al corazón afligido. Todo eso produce aumento de crueldad en nuestra psiquis, multiplicación del dolor, descontento cada vez y más profundo.

EL YO PLURALIZADO encuentra siempre justificativos hasta para los peores delitos y a ese proceso de envidiar, adquirir, acumular, conseguir, aun cuando sea a expensas del trabajo ajeno, se le llama evolución, progreso, avance, etc.

Las gentes tienen la conciencia dormida y no se dan cuenta de que son envidiosas, crueles, codiciosas, celosas, y cuando por algún motivo llegan a darse cuenta de todo esto, entonces se justifican, condenan, buscan evasivas, pero no comprenden.

La envidia es difícil de descubrirse debido al hecho concreto de que la mente humana es envidiosa. La estructura de la mente se basa en la envidia y la adquisición.

La envidia comienza desde los bancos de la escuela. Envidiamos la mejor inteligencia de nuestros condiscípulos, las mejores calificaciones, los mejores trajes, los mejores vestidos, los mejores zapatos, la mejor bicicleta, los hermosos patines, la bonita pelota, etc. etc.

Los maestros y maestras llamados a formar la personalidad de los alumnos y alumnas, deben comprender lo que son los infinitos procesos de la envidia y establecer dentro de la PSIQUIS de sus estudiantes el cimiento adecuado para la comprensión.

La mente, envidiosa por naturaleza, sólo piensa en función del MÁS: "YO puedo explicar mejor", "YO tengo más conocimientos", "YO soy más inteligente", "YO tengo más virtudes", más santificaciones, más perfecciones, más evolución, etc.

Todo el funcionalismo de la mente se basa en el MÁS. EL MÁS es el íntimo resorte secreto de la envidia.

EL MÁS es el proceso comparativo de la mente. Todo proceso comparativo es ABOMINABLE. Ejemplo: Yo soy más inteligente que tú. Fulano de tal es más virtuoso que tú. Fulana de tal es mejor que tú, más sabia, más bondadosa, más bonita, etc. etc.

El MÁS crea el tiempo. EL YO PLURALIZADO necesita tiempo para ser mejor que el vecino, para demostrarle a la familia que es muy genial y que puede, para llegar a ser alguien en la vida, para demostrarle a sus enemigos, o aquellos a quienes envidia, que es más inteligente, más poderoso, más fuerte, etc.

El pensar comparativo se basa en la envidia y produce eso que se llama descontento, desasosiego, amargura.

Desgraciadamente las gentes van de un opuesto a otro opuesto, de un extremo a otro, no saben caminar por el centro. Muchos luchan contra el descontento, la envidia, la codicia, los celos, pero la lucha contra el descontento no trae jamás el verdadero contento del corazón.

Es urgente comprender que el verdadero contento del corazón tranquilo, no se compra ni se vende y sólo nace en nosotros con entera naturalidad y en forma espontánea cuando hemos comprendido a fondo las causas mismas del descontento; celos, envidia, codicia, etc. etc.

Aquellos que quieren conseguir dinero, magnífica posición social, virtudes, satisfacciones de toda especie, etc. con el propósito de alcanzar el verdadero contentamiento, están totalmente equivocados porque todo eso se basa en la envidia y el camino de la envidia no puede jamás conducirnos al puerto del corazón tranquilo y contento.

La mente embotellada en el YO PLURALIZADO hace de la envidia una virtud y hasta se da el lujo de ponerle nombres deliciosos. Progreso, evolución espiritual, anhelo de superación, lucha por la dignificación, etc. etc. etc.

Todo esto produce desintegración, íntimas contradicciones, luchas secretas, problemas de difícil solución, etc.

Es difícil hallar en la vida alguien que sea verdaderamente ÍNTEGRO en el sentido más completo de la palabra.

Resulta totalmente imposible lograr la INTEGRACIÓN TOTAL mientras exista dentro de nosotros mismos el YO PLURALIZADO.

Es urgente comprender que dentro de cada persona existen tres factores básicos, Primero: Personalidad. Segundo: YO PLURALIZADO. Tercero: El material psíquico, es decir, LA ESENCIA MISMA DE LA PERSONA.

El YO PLURALIZADO malgasta torpemente el material psicológico en explosiones atómicas de envidia, celos, codicia, etc. etc. Es necesario disolver el YO pluralizado, con el propósito de acumular dentro, el material psíquico para establecer en nuestro interior un centro permanente de conciencia.

Quienes no poseen un centro permanente de conciencia, no pueden ser íntegros.

Solo el centro permanente de conciencia nos da verdadera individualidad.

Solo el centro permanente de conciencia nos hace íntegros.

CAPÍTULO XV

LA SENCILLEZ

Es urgente, es indispensable desarrollar la comprensión creadora porque ella trae al ser humano la verdadera libertad del vivir. Sin comprensión es imposible conseguir la auténtica facultad crítica del análisis profundo.

Los maestros y maestras de escuelas, colegios y universidades deben conducir a sus alumnos y alumnas por el camino de la comprensión autocrítica.

En nuestro pasado capítulo ya estudiamos ampliamente los procesos de la envidia y si queremos acabar con todos los matices de los celos, ya sean estos religiosos, pasionales, etc. debemos hacer plena conciencia de lo que realmente es la envidia, porque sólo comprendiendo a fondo y en forma íntima los infinitos procesos de la envidia, logramos acabar con los celos de todo tipo.

Los celos destruyen los matrimonios, los celos destruyen las amistades, los celos provocan guerras religiosas, odios fratricidas, asesinatos y sufrimientos de toda especie.

La envidia con todos sus infinitos matices se esconde tras de sublimes propósitos. Existe envidia en aquel que habiendo sido informado sobre la existencia de sublimes santos. Mahatmas o Gurús, desea también llegar a ser santo. Existe envidia en el filántropo que se esfuerza por superar a otros filántropos. Existe envidia en todo individuo que codicie virtudes porque tuvo informes, porque en su mente hay datos sobre la existencia de sagrados individuos llenos de virtudes.

El deseo de ser santo, el deseo de ser virtuoso, el deseo de ser grande tiene por fundamento la envidia.

Los santos con sus virtudes han causado muchos daños. Nos viene a la memoria el caso de un hombre que a sí mismo se consideraba muy santo.

En cierta ocasión un poeta hambriento y miserable tocó a sus puertas para poner en sus manos un hermoso verso especialmente dedicado al santo de nuestro relato. El poeta sólo aguardaba una moneda para comprar alimentos para su cuerpo exhausto y envejecido.

Todo imaginaba el poeta menos un insulto. Grande fue su sorpresa cuando el santo con mirada piadosa y ceño fruncido cerró la puerta diciendo al infeliz poeta: "Fuera de aquí amigo, largo, largo... a mí no me gustan estas cosas, aborrezco la lisonja... no me gustan las vanidades del mundo, esta vida es ilusión... yo sigo la senda de la humildad y de la modestia". El infeliz poeta que sólo deseaba una moneda en vez de esta recibió el insulto del santo, la palabra que hiere, la bofetada, y con el corazón adolorido y la lira vuelta pedazos se fue por las calles de la ciudad despacito... despacito... despacito.

La nueva generación debe levantarse sobre la base de la auténtica comprensión porque ésta es totalmente creadora.

La memoria y la recordación no son creadoras. La memoria es el sepulcro del pasado. La memoria y la recordación son muerte.

La comprensión verdadera es el factor psicológico de la liberación total.

Los recuerdos de la memoria jamás pueden traernos verdadera liberación porque pertenecen al pasado y por lo tanto están muertos.

La comprensión no es cosa del pasado ni tampoco del futuro. La comprensión pertenece al momento que estamos viviendo aquí y ahora. La memoria siempre trae la idea del futuro.

Es urgente estudiar ciencia, filosofía, arte y religión, pero no se deben confiar los estudios a la fidelidad de la memoria porque ésta no es fiel.

Es absurdo depositar los conocimientos en el sepulcro de la memoria. Es estúpido enterrar en la fosa del pasado los conocimientos que debemos comprender.

Nosotros jamás podríamos pronunciarnos contra el estudio, contra la sabiduría, contra la ciencia, pero resulta incongruente depositar las joyas vivas del conocimiento entre el sepulcro corrompido de la memoria.

Se hace necesario estudiar, se hace necesario investigar, se hace necesario analizar, más debemos meditar profundamente para comprender en todos los niveles de la mente.

El hombre verdaderamente sencillo es profundamente comprensivo y tiene mente simple.

Lo importante en la vida no es lo que tengamos acumulado en el sepulcro de la memoria, sino lo que hayamos comprendido no sólo en el nivel intelectual sino también en los distintos terrenos subconscientes inconscientes de la mente.

La ciencia, el saber, deben convertirse en comprensión inmediata. Cuando el conocimiento, cuando el estudio se han transformado en auténtica comprensión creadora podemos comprender entonces todas las cosas de inmediato porque la comprensión se hace inmediata, instantánea.

En el hombre sencillo no existen complicaciones en la mente porque toda complicación de la mente se debe a la memoria. El YO maquiavélico que llevamos dentro es memoria acumulada.

Las experiencias de la vida deben transformarse en comprensión verdadera.

Cuando las experiencias no se convierten en comprensión, cuando las experiencias continúan en la memoria, constituyen la podredumbre del sepulcro sobre el cual arde la llama fatua y luciférica del intelecto.

Es necesario saber que el intelecto animal desprovisto totalmente de toda espiritualidad es tan sólo la verbalización de la memoria, la candela sepulcral ardiendo sobre la loza funeral.

El hombre sencillo tiene la mente libre de experiencias porque estas se han vuelto conciencia, se han transformado en comprensión creadora.

La muerte y la vida se hallan íntimamente asociadas. Sólo muriendo el grano nace la planta, sólo muriendo la experiencia nace la comprensión. Este es un proceso de auténtica transformación.

El hombre complicado tiene la memoria llena de experiencias.

Esto demuestra su falta de comprensión creadora porque cuando las experiencias son enteramente comprendidas en todos los niveles de la mente dejan de existir como experiencias y nacen como comprensión.

Es necesario primero experimentar, más no debemos quedarnos en el terreno de la experiencia porque entonces la mente se complica y se torna difícil. Es necesario vivir la vida intensamente y transformar todas las experiencias en auténtica comprensión creadora.

Aquellos que suponen equivocadamente que para ser comprensivos simples y sencillos tengamos que abandonar el mundo, convertirnos en limosneros, vivir en chozas aisladas y usar taparrabos en vez de traje elegante, están totalmente equivocados.

Muchos anacoretas, muchos ermitaños solitarios, muchos mendigos, tienen mentes complicadísimas y difíciles.

Es inútil apartarse del mundo y vivir como anacoretas si la memoria está llena de experiencias que condicionan el libre fluir del pensamiento.

Es inútil vivir como ermitaños queriendo llevar vida de santos si la memoria está rellena de informaciones que no han sido debidamente comprendidas, que no se han hecho conciencia en los distintos recovecos, pasillos y regiones inconscientes de la mente.

Quienes transforman las informaciones intelectuales en verdadera comprensión creadora, quienes transforman las experiencias de la vida en verdadera comprensión de fondo nada tienen en la memoria, viven de momento en momento llenos de plenitud verdadera, se han vuelto simples y sencillos, aunque vivan en suntuosas residencias y dentro del perímetro de la vida urbana.

Los niños pequeños antes de los siete años están llenos de sencillez y verdadera belleza interior debido a que sólo se expresa a través de ellos la viviente ESENCIA de la vida en ausencia total del YO PSICOLÓGICO.

Nosotros debemos reconquistar la infancia perdida, en nuestro corazón y en nuestra mente. Nosotros debemos reconquistar la inocencia si es que de verdad queremos ser felices.

Las experiencias y el estudio transformados en comprensión de fondo no dejan residuos en el sepulcro de la memoria y entonces, nos hacemos sencillos, simples, inocentes, felices.

La meditación de fondo sobre las experiencias y conocimientos adquiridos, la autocrítica profunda, el psicoanálisis íntimo convierten, transforman todo en profunda comprensión creadora. Este es el camino de la auténtica felicidad nacida de la sabiduría y el amor.

CAPÍTULO XVI

EL ASESINATO

Matar es evidentemente y fuera de toda duda, el acto más destructivo y de mayor corrupción que se conoce en el mundo.

La peor forma de asesinato consiste en destruir la vida de nuestros semejantes.

Espantosamente horrible es el cazador que, con su escopeta asesina a las inocentes criaturas del bosque, pero mil veces más monstruoso, mil veces más abominable es aquel que asesina a sus semejantes.

No sólo se mata con ametralladoras, escopetas, cañones, pistolas o bombas atómicas, también se puede matar con una mirada que hiera al corazón, una mirada humillante, una mirada llena de desprecio, una mirada llena de odio; o se puede matar con una acción ingrata, con una acción negra, o con un insulto, o con una palabra hiriente.

El mundo está lleno de parricidas, matricidas ingratos que han asesinado a sus padres y madres, ya con sus miradas, ya con sus palabras, ya con sus crueles acciones.

El mundo está lleno de hombres que sin saberlo han asesinado a sus mujeres y de mujeres que, sin saberlo, han asesinado a sus maridos.

Para colmo de desgracias en este mundo cruel en que vivimos, el ser humano mata lo que más ama.

No sólo de pan vive el hombre sino también de distintos factores psicológicos.

Son muchos los esposos que hubieran podido vivir más si sus esposas se lo hubieran permitido.

Son muchas las esposas que hubieran podido vivir más si sus esposos se lo hubieran permitido.

Son muchos los Padres y Madres de familia que hubieran podido vivir más si sus hijos e hijas se lo hubieran permitido.

La enfermedad que lleva a nuestro ser querido al sepulcro tiene por causa causorum, palabras que matan, miradas que hieren, acciones ingratas, etc.

Esta sociedad caduca y degenerada está llena de asesinos inconscientes que presumen de inocentes.

Las prisiones están llenas de asesinos, pero la peor especie de criminales presume de inocente y anda libre.

Ninguna forma de asesinato puede tener justificación alguna. Con matar a otro no se resuelve ningún problema en la vida.

Las Guerras jamás han resuelto ningún problema. Con bombardear ciudades indefensas y asesinar a millones de personas no se resuelve nada.

La Guerra es algo demasiado rudo, tosco, monstruoso, abominable. Millones de máquinas humanas dormidas, inconscientes, estúpidas, se lanzan a la guerra con el propósito de destruir a otros tantos millones de máquinas humanas inconscientes.

Muchas veces basta una catástrofe planetaria en el cosmos, o una pésima posición de los astros en el cielo, para que millones de hombres se lancen a la guerra.

Las máquinas humanas no tienen conciencia de nada, se mueven en forma destructiva cuando cierto tipo de ondas cósmicas las hiere secretamente.

Si las gentes despertaran la conciencia, si desde los mismos bancos de la Escuela se educara sabiamente a los alumnos y alumnas llevándolos a la comprensión consciente de lo que es la enemistad y la guerra, otro gallo les cantara, nadie se lanzaría a la guerra y las ondas catastróficas del cosmos serian entonces utilizadas en forma diferente.

La Guerra huele a Canibalismo, a vida de cavernas, a bestialidad del peor tipo, a arco, a flecha, a lanza, a orgía de sangre, es a todas luces incompatible con la civilización.

Todos los hombres en la guerra son cobardes, miedosos y los héroes cargados de medallas son precisamente los más cobardes, los más miedosos.

El suicida parece también muy valeroso, pero es un cobarde porque le tuvo miedo a la vida.

El héroe en el fondo es un suicida que en un instante de supremo terror cometió la locura del suicida.

La locura del suicida se confunde fácilmente con el valor del héroe.

Si observamos cuidadosamente la conducta del soldado durante la guerra, sus maneras, su mirada, sus palabras, sus pasos en la batalla, podemos evidenciar su cobardía total.

Los Maestros y Maestras de Escuelas, Colegios, Universidades, deben enseñar a sus alumnos y alumnas la verdad sobre la guerra. Deben llevar a sus alumnos y alumnas a experimentar conscientemente esa Verdad.

Si las gentes tuvieran plena conciencia de lo que es esta tremenda Verdad de la guerra, si los Maestros y Maestras supieran educar sabiamente a sus discípulos y discípulas, ningún ciudadano se dejaría llevar al matadero.

La Educación Fundamental debe impartirse ahora mismo en todas las Escuelas, Colegios y Universidades, porque es precisamente desde los bancos de la Escuela, donde se debe trabajar para la PAZ.

Es urgente que las nuevas Generaciones se hagan plenamente conscientes de lo que es la barbarie y de lo que es la guerra.

En las Escuelas, Colegios, Universidades, debe ser comprendida a fondo la enemistad y la guerra en todos sus aspectos.

Las nuevas Generaciones deben comprender que los viejos con sus ideas rancias y torpes, sacrifican siempre a los jóvenes y los llevan como bueyes al matadero.

Los jóvenes no deben dejarse convencer por la propaganda belicista, ni por las razones de los viejos, porque a una razón se le opone otra razón y a una opinión se le opone otra, pero ni los razonamientos ni las opiniones son la Verdad sobre la Guerra.

Los viejos tienen millares de razones para justificar la guerra y llevar a los jóvenes al matadero.

Lo importante no son los razonamientos sobre la guerra sino experimentar la Verdad de lo que es la guerra.

Nosotros no nos pronunciamos contra la Razón ni contra el análisis, sólo queremos decir que debemos primero experimentar la verdad sobre la guerra y luego así podemos darnos el lujo de razonar y analizar.

Es imposible experimentar la verdad del NO MATAR, si excluimos la meditación íntima profunda.

Sólo la Meditación muy profunda puede llevamos a experimentar la Verdad sobré la Guerra.

Los Maestros y Maestras no sólo deben darle información intelectual a sus alumnos y alumnas. Los maestros deben enseñar a sus estudiantes a manejar la mente, a experimentar la VERDAD.

Esta Raza Caduca y degenerada ya no piensa sino en matar. Esto de matar y matar, sólo es propio de cualquier raza humana degenerada.

A través de la televisión y del cine, los agentes del delito propagan sus ideas criminosas.

Los niños y niñas de la nueva generación reciben diariamente a través de la pantalla de la televisión y de los cuentecitos infantiles y del cine, revista etc., una buena dosis venenosa de asesinatos, balaceras, crímenes espantosos, etc.

Ya no se puede poner a funcionar la televisión sin encontrarse uno con las palabras llenas de odio, los balazos, la perversidad.

Nada están haciendo los gobiernos de la tierra contra la propagación del delito. Las mentes de los niños y de los jóvenes están siendo conducidas por los agentes del delito, por el camino del crimen.

Ya está tan propagada la idea de matar, ya está tan difundida por medio de las películas, cuentos, etc. que se ha vuelto totalmente familiar para todo el mundo. Los rebeldes de la nueva ola han sido educados para el crimen y matan por el gusto de matar, gozan viendo morir a otros. Así lo aprendieron en la televisión de la casa, en el cine, en los cuentos, en las revistas.

Por doquiera reina el delito y nada hacen los gobiernos para corregir el instinto de matar desde sus mismas raíces.

Toca a los Maestros y Maestras de Escuelas, Colegios y Universidades, poner el grito en el cielo y revolver el cielo y tierra para corregir esta epidemia mental.

Es urgente que los Maestros y Maestras de Escuelas, Colegios y Universidades, den el grito de alarma y pidan a todos los gobiernos de la tierra la censura para el cine, la televisión, etc.

El crimen se está multiplicando terriblemente debido a todos esos espectáculos de sangre y al paso que vamos llegará el día en que ya nadie podrá circular por las calles libremente sin el temor de ser asesinado.

La Radio, el Cine, la Televisión, las Revistas de sangre, le han dado tal propagación al delito de matar, lo han hecho tan agradable a las mentes débiles y degeneradas, que ya nadie se tienta el corazón para meterle un balazo o una puñalada a otra persona.

A fuerza de tanta propagación del delito de matar, las mentes débiles se han familiarizado demasiado con el crimen y ahora hasta se dan el lujo de matar por imitar lo que vieron en el cine o en la televisión.

Los Maestros y Maestras que son los educadores del pueblo están obligados en cumplimiento de su deber a luchar por las nuevas generaciones pidiendo a los Gobiernos de la tierra la prohibición de los espectáculos de sangre, en fin, la cancelación de toda clase de películas sobre asesinatos, ladrones, etc.

La lucha de los Maestros y Maestras debe extenderse también hasta el toreo y el boxeo.

El tipo del torero es el tipo más cobarde y criminoso. El torero quiere todas las ventajas para él y mata para divertir al público.

El tipo del boxeador es el del monstruo del asesinato, en su forma sádica que hiere y mata para divertir al público.

Esta clase de espectáculos de sangre son bárbaros en un ciento por ciento y estimulan a las mentes encaminándolas por el camino del crimen. Si queremos de verdad luchar por la Paz del Mundo, debemos iniciar una campaña de fondo contra los espectáculos de sangre.

Mientras dentro de la mente humana existan los factores destructivos habrá guerras inevitablemente.

Dentro de la mente humana existen los factores que producen guerra, esos factores son el odio, la violencia en todos sus aspectos, el egoísmo, la ira, el miedo, los instintos criminales, las ideas belicistas propagadas por la televisión, la radio, el cine, etc.

La propaganda por la PAZ, los premios NÓBEL DE PAZ, resultan absurdos mientras existan dentro del hombre los factores Psicológicos que producen guerra.

Actualmente muchos asesinos tienen el premio NÓBEL DE PAZ.

CAPÍTULO XVII

LA PAZ

L a PAZ no puede venir a través de la MENTE porque no es de la Mente. La PAZ es el perfume delicioso del CORAZÓN TRANQUILO.

La PAZ no es cosa de proyectos, policía internacional, ONU, OEA, tratados internacionales o ejércitos invasores que peleen en nombre de la PAZ.

Si realmente queremos PAZ verdadera debemos aprender a vivir como el vigía en época de guerra, siempre alertas y vigilantes, con Mente pronta y dúctil, porque la PAZ no es cuestión de FANTASÍAS románticas o cuestión de ensueños bonitos.

Si no aprendemos a vivir en el estado de alerta de momento en momento, entonces el camino que conduce hacia la PAZ se torna imposible, estrecho y después de ponerse extremadamente difícil, va a desembocar por último en un callejón sin salida.

Es necesario comprender, es urgente saber que la PAZ auténtica del CORAZÓN TRANQUILO no es una casa a donde podamos llegar y donde nos aguarde alegremente una doncella hermosa. La PAZ no es una meta, un lugar, etc. Perseguir la PAZ, buscarla, hacer proyectos sobre ella, pelear en nombre de ella, hacer propaganda sobre ella, fundar organismos para trabajar por ella, etc., es totalmente absurdo porque la PAZ no es de la Mente, la PAZ es el perfume maravilloso del corazón tranquilo.

La PAZ no se compra ni se vende ni se puede lograr con el sistema de APACIGUAMIENTOS, controles especiales, policía, etc.

En algunos países el ejército nacional anda por los campos destruyendo pueblos, asesinando gentes y fusilando a supuestos bandidos, todo esto dizque en nombre de la PAZ. El resultado de semejante proceder es la multiplicación de la BARBARIE.

La violencia origina más violencia, el odio produce más odio. La PAZ no se puede conquistar, la PAZ no puede ser el resultado de la violencia. La PAZ sólo adviene a nosotros cuando disolvemos el YO, cuando destruimos dentro de nosotros mismos todos los factores PSICOLÓGICOS que producen guerras.

Si queremos PAZ tenemos que contemplar, tenemos que estudiar, tenemos que ver el cuadro total y no únicamente un rincón del mismo.

La PAZ nace en nosotros cuando hemos cambiado radicalmente en forma íntima.

La cuestión de controles, organismos PRO PAZ, apaciguamientos, etc., son detalles aislados, puntos en el océano de la vida, fracciones aisladas del cuadro total de la EXISTENCIA, que jamás pueden resolver el problema de la PAZ en su forma radical, total y definitiva.

Debemos mirar el cuadro en su forma completa, el problema del mundo es el problema del individuo; si el INDIVIDUO no tiene PAZ en su interior, la sociedad, el mundo, vivirá en guerra inevitablemente.

Los maestros y maestras de escuelas, colegios, universidades deben trabajar por la PAZ, a menos que amen la BARBARIE y la VIOLENCIA.

Es urgente, es indispensable señalarles a los alumnos y alumnas de la nueva generación el derrotero a seguir, el camino íntimo que puede conducirnos con entera exactitud a la PAZ auténtica del corazón tranquilo.

Las gentes no saben comprender realmente lo que es la verdadera PAZ interior y sólo quieren que nadie se les atraviese en su camino, que no se les estorbe, que no se les moleste, aun cuando ellos se tomen por su propia cuenta y riesgo el derecho de estorbar y de molestar y de amargar la vida a sus semejantes.

Las gentes jamás han experimentado la PAZ verdadera y sólo tienen sobre ésta opiniones absurdas, ideales románticos, conceptos equivocados.

Para los ladrones la PAZ sería la dicha de poder robar impunemente sin que la policía se les atravesara en su camino. Para los contrabandistas la PAZ sería poder meter su contrabando en todas partes sin que las autoridades se lo impidiesen. Para los hambreadores del pueblo la PAZ seria vender bien caro, explotando a diestra y siniestra sin que los inspectores oficiales del gobierno se lo prohibieran. Para las prostitutas la PAZ, sería gozar en sus lechos de placer y explotar a todos los hombres libremente sin que las autoridades de salubridad o de policía interviniesen para nada en su vida.

Cada cual se forma en la mente cincuenta mil fantasías absurdas sobre la PAZ. Cada cual pretende levantar a su alrededor un muro egoísta de ideas falsas, creencias, opiniones y absurdos conceptos sobre lo que es la PAZ.

Cada cual quiere PAZ a su modo, de acuerdo a sus antojos, a sus gustos, a sus hábitos, costumbres equivocadas, etc. Cada cual quiere auto encerrarse dentro de un muro protector, fantástico, con el propósito de vivir su propia PAZ equivocadamente concebida.

La gente lucha por la PAZ, la desea, la quiere, pero no sabe qué cosa es la PAZ.

Las gentes sólo quieren que no se les estorbe, poder hacer cada cual sus diabluras muy tranquilamente y a sus anchas. Eso es lo que llaman PAZ.

No importa qué diabluras hagan las gentes, cada cual cree que lo que hace es bueno. Las gentes encuentran justificación hasta para los peores delitos. Si el borracho está triste bebe porque está triste. Si el borracho está alegre bebe porque está alegre. El borracho siempre justifica el vicio del alcohol. Así son todas las gentes, para todo delito encuentran justificación, nadie se considera perverso, todos presumen de justos y honrados.

Existen muchos vagabundos que suponen equivocadamente que PAZ es poder vivir sin trabajar, muy tranquilamente y sin esfuerzo alguno en un mundo lleno de fantasías románticas maravillosas.

Sobre la PAZ existen millones de opiniones y conceptos equivocados. En este mundo doloroso en que vivimos: cada cual busca su fantástica PAZ, la paz de sus opiniones. Las gentes quieren ver en el mundo la paz de sus sueños, su tipo especial de paz, aunque dentro de sí mismas cada cual lleve en su interior los factores psicológicos que producen guerras, enemistades, problemas de todo tipo.

Por estos tiempos de crisis mundial todo el que quiere hacerse famoso funda organizaciones PRO-PAZ, hace propaganda y se convierte en paladín de la PAZ. No debemos olvidar que muchos políticos zorros se han ganado el premio NOBEL de la PAZ aun cuando tengan por su cuenta todo un cementerio y que en una u otra forma hayan mandado asesinar secretamente a muchas personas, cuando se han visto en peligro de ser eclipsados.

Existen también verdaderos maestros de la humanidad que se sacrifican enseñando en todos los lugares de la tierra la Doctrina de la Disolución del YO.

Esos maestros saben por experiencia propia que sólo disolviendo el Mefistófeles que llevamos dentro, adviene a nosotros la paz del corazón.

Mientras existan dentro de cada individuo el odio, la codicia, la envidia, los celos, el espíritu adquisitivo, la ambición, la ira, el orgullo, etc. etc. habrá guerras inevitablemente.

Conocemos a muchas gentes en el mundo que presumen de haber hallado la PAZ.

Cuando hemos estudiado a fondo a esas personas, hemos podido evidenciar que ni remotamente conocen la PAZ y que solamente se han encerrado dentro de algún hábito solitario y consolador, o dentro de alguna creencia especial, etc., más realmente dichas personas no han experimentado ni remotamente lo que es la verdadera PAZ del corazón tranquilo. Realmente esas pobres gentes sólo se han fabricado una paz artificiosa que en su ignorancia confunden con la AUTÉNTICA PAZ DEL CORAZÓN.

Es absurdo buscar la PAZ dentro de los muros equivocados de nuestros prejuicios, creencias, preconceptos, deseos, hábitos, etc.

Mientras dentro de la Mente existan los factores psicológicos que producen enemistades, disensiones, problemas, guerras, no habrá PAZ verdadera.

La PAZ auténtica viene de la belleza legítima sabiamente comprendida.

La belleza del corazón tranquilo exhala el perfume delicioso de la verdadera PAZ interior.

Es urgente comprender la belleza de la amistad y el perfume de la cortesía.

Es urgente comprender la belleza del lenguaje. Es necesario que nuestras palabras lleven en sí mismas la sustancia de la sinceridad. No debemos usar jamás palabras arrítmicas, inarmónicas, groseras, absurdas.

Cada palabra debe ser una verdadera sinfonía, cada frase debe estar llena de belleza espiritual. Es tan malo hablar cuándo se debe callar, y callar cuando se debe hablar. Hay silencios delictuosos y hay palabras infames.

Hay veces que hablar es un delito, hay veces que callar es también otro delito. Uno debe hablar cuándo debe hablar y callar cuando debe callar.

No juguemos con la palabra porque ésta es de grave responsabilidad.

Toda palabra debe ser sopesada antes de articularse porque cada palabra puede producir en el mundo mucho de útil y mucho de inútil, mucho beneficio o mucho daño.

Debemos cuidar nuestros gestos, modales, vestuario y actos de toda especie. Que nuestros gestos, que nuestro vestido, modo de sentarnos a la mesa, manera de comportarnos al comer, forma de atender a las personas en la sala, en la oficina, en la calle, etc., estén siempre llenos de belleza y armonía.

Es necesario comprender la belleza de la bondad, sentir la belleza de la buena música, amar la belleza del arte creativo, rea finar nuestra manera de pensar, sentir y obrar.

La suprema belleza sólo puede nacer en nosotros cuando ha muerto el YO en forma radical, total y definitiva.

Nosotros somos feos, horribles, asqueantes mientras tengamos dentro y bien vivo al YO PSICOLÓGICO. La belleza en forma íntegra es imposible en nosotros mientras exista el YO PLURALIZADO.

Si queremos PAZ auténtica debemos reducir al YO a polvareda cósmica. Sólo así habrá en nosotros belleza interior. De esa belleza nacerá en nosotros el encanto del amor y la verdadera PAZ del corazón.

La PAZ CREADORA trae orden dentro de uno mismo, elimina la confusión y nos llena de legítima felicidad.

Es necesario saber que la mente no puede comprender lo que es la verdadera PAZ. Es urgente entender que la paz del corazón tranquilo no llega a nosotros mediante el esfuerzo, o por el hecho de pertenecer a alguna sociedad u organización dedicada a hacer propaganda de PAZ.

La paz auténtica adviene a nosotros en forma totalmente natural y sencilla cuando reconquistamos la inocencia en la mente y en el corazón, cuando nos volvemos como niños delicados y bellos, sensibles a todo lo hermoso como a todo lo feo, a todo lo bueno como a todo lo malo, a todo lo dulce como a todo lo amargo.

Es necesario reconquistar la infancia perdida, tanto en la mente como en el corazón.

La PAZ es algo inmenso, extenso, infinito, no es algo formado por la mente no puede ser el resultado de un capricho ni el producto de una idea. La paz es una sustancia atómica que está más allá del bien y el mal, una sustancia que está más allá de toda moral, una sustancia que emana de las entrañas mismas del ABSOLUTO.

CAPÍTULO XVIII

LA VERDAD

Desde la infancia y juventud comienza el Vía-Crucis de nuestra miserable existencia con muchas torceduras mentales, íntimas tragedias de familia, contrariedades en el hogar y en la escuela, etc.

Es claro que, en la infancia y juventud, salvo muy raras excepciones, todos estos problemas no alcanzan a afectarnos en forma realmente profunda, pero cuando ya nos hacemos personas mayores, comienzan los interrogantes ¿Quién soy yo? ¿De dónde vengo? ¿Por qué tengo que sufrir? ¿Cuál es el objeto de esta existencia? etc. etc. etc.

Todos en el camino de la vida nos hemos hecho estas preguntas, todos alguna vez hemos querido investigar, inquirir, conocer el "por qué" de tantas amarguras, sinsabores, luchas y sufrimientos, pero desgraciadamente siempre terminamos embotellados en alguna teoría, en alguna opinión, en alguna creencia en lo que dijo el vecino, en lo que nos contestó algún viejo decrépito, etc.

Hemos perdido la inocencia verdadera y la paz del corazón tranquilo y por ello no somos capaces de experimentar directamente la verdad en toda su crudeza, dependemos de lo que digan los demás y es claro que vamos por el camino equivocado.

La sociedad capitalista condena radicalmente a los ateos, a los que no creen en Dios.

La Sociedad Marxista-Leninista condena a los que, SI creen en DIOS, más en el fondo ambas cosas son lo mismo, cuestión de opiniones, caprichos de la gente, proyecciones de la mente. Ni la credulidad, ni la incredulidad, ni el escepticismo, significan haber experimentado la verdad.

La mente puede darse el lujo de creer, dudar, opinar, hacer conjeturas, etc., pero eso no es experimentar la verdad.

También podemos darnos el lujo de creer en el sol o de no creer en él y hasta de dudar de él, pero el astro rey seguirá dando luz y vida a todo lo existente sin que nuestras opiniones tengan para él la menor importancia.

Tras de la creencia ciega, tras de la incredulidad y el escepticismo, se esconden muchos matices de falsa moral y muchos conceptos equivocados de falsa respetabilidad a cuya sombra se robustece el YO.

La sociedad de tipo capitalista y la sociedad de tipo comunista tienen cada una a su modo y de acuerdo con sus caprichos, prejuicios y teorías, su tipo especial de moral. Lo que es moral dentro del bloque capitalista es inmoral dentro del bloque comunista y viceversa.

La moral depende de las costumbres, del lugar, de la época. Lo que en un país es moral en otro país es inmoral y lo que en una época fue moral, en otra época es inmoral. La moral no tiene valor esencial alguno, analizándola a fondo, resulta estúpida en un ciento por ciento.

La educación fundamental no enseña moral, la educación fundamental enseña ÉTICA REVOLUCIONARIA y eso es lo que necesitan las nuevas generaciones.

Desde la noche aterradora de los siglos, en todos los tiempos, siempre hubo hombres que se alejaron del mundo para buscar la VERDAD.

Es absurdo alejarse del mundo para buscar la VERDAD porque ella se encuentra dentro del mundo y dentro del hombre aquí y ahora.

La VERDAD es lo desconocido de momento en momento y no es separándonos del mundo ni abandonando a nuestros semejantes cómo podemos descubrirla.

Es absurdo decir que toda verdad es verdad a medias y que toda verdad es medio error.

La VERDAD es radical y ES o no ES, jamás puede ser a medias, jamás puede ser medio error.

Es absurdo decir: la VERDAD es del tiempo y que lo que en un tiempo fue en otro tiempo no lo ES.

La VERDAD nada tiene que ver con el tiempo. La VERDAD es ATEMPORAL. El YO es tiempo y por lo tanto no puede conocer la VERDAD.

Es absurdo suponer verdades convencionales, temporales, relativas. Las gentes confunden a los conceptos y opiniones con eso que es la VERDAD.

La VERDAD nada tiene que ver con las opiniones ni con las así llamadas verdades convencionales, porque éstas son únicamente proyecciones intrascendentes de la mente.

La VERDAD es lo desconocido de momento en momento y sólo puede ser experimentada en ausencia del YO psicológico.

La verdad no es cuestión de sofismas, conceptos, opiniones. La verdad sólo puede ser conocida a través de la experiencia directa.

La mente sólo puede opinar y las opiniones nada tienen que ver con la verdad.

La mente jamás puede concebir la VERDAD.

Los maestros, maestras de escuelas, colegios, universidades, deben experimentar la verdad y señalar el camino a sus discípulos y discípulas.

La VERDAD es cuestión de experiencia directa, no cuestión de teorías, opiniones o conceptos.

Podemos y debemos estudiar, pero es urgente experimentar por sí mismos y en forma directa lo que haya de verdad en cada teoría, concepto, opinión, etc. etc. etc.

Debemos estudiar, analizar, inquirir, pero también necesitamos con URGENCIA inaplazable experimentar la VERDAD contenida en todo aquello que estudiamos.

Es imposible experimentar la VERDAD mientras la mente se encuentra agitada, convulsionada, atormentada por las opiniones contrapuestas.

Sólo es posible experimentar la VERDAD cuando la mente está quieta, cuando la mente está en silencio.

Los maestros y maestras de escuelas, colegios y universidades, deben indicar a los alumnos y alumnas el camino de la meditación interior profunda.

El camino de la meditación interior profunda nos conduce hasta la quietud y silencio de la mente.

Cuando la mente está quieta, vacía de pensamientos, deseos, opiniones, etc., cuando la mente está en silencio adviene a nosotros la verdad.

CAPÍTULO XIX

LA INTELIGENCIA

Hemos podido verificar que muchos maestros y maestras de Historia Universal en el occidente del mundo suelen burlarse del BUDDHA, Confucio, Mahoma, Hermes, Quetzalcóatl, Moisés, Krishna, etc.

Fuera de toda duda también hemos podido comprobar hasta la saciedad, el sarcasmo, la mofa, la ironía lanzada por maestros y maestras contra las religiones antiguas, contra los dioses, contra la mitología, etc. Todo eso es precisamente falta de inteligencia.

En las escuelas, colegios y universidades, se debiera tratar sobre los temas religiosos, con más respeto, con alto sentido de veneración, con verdadera inteligencia creadora.

Las formas religiosas conservan los valores eternos y están organizadas de acuerdo con las necesidades psicológicas e históricas de cada pueblo, de cada raza.

Todas las religiones tienen los mismos principios, los mismos valores eternos y sólo se diferencian en la forma.

No es inteligente que un cristiano se burle de la religión del Buddha o de la religión hebrea o hinduista porque todas las religiones descansan sobre los mismos basamentos.

Las sátiras de muchos intelectuales contra las religiones y sus fundadores se deben al veneno MARXISTA que por estos tiempos está intoxicando a todas las mentes débiles.

Los maestros y maestras de escuelas, colegios y universidades deben orientar a sus alumnos y alumnas por el camino del verdadero respeto a nuestros semejantes.

Es a todas luces perverso e indigno el patán que, en nombre de una teoría de cualquier tipo, se burle de los templos, religiones, sectas, escuelas o sociedades espirituales.

Al abandonar las aulas de estudio los estudiantes tienen que habérselas con gentes de todas las religiones, escuelas, sectas y no es inteligente el que ni siquiera sepan guardar la debida compostura en un templo.

Al abandonar las aulas después de diez o quince años de estudios, los jóvenes y señoritas se encuentran tan lerdos y dormidos como los demás seres humanos, tan llenos de vacuidad y faltos de inteligencia como el primer día que ingresaron a la escuela.

Es urgente que los estudiantes entre otras cosas desarrollen el centro emocional porque todo no es intelecto. Se hace necesario aprender a sentir las íntimas armonías de la vida, la belleza del árbol solitario, el canto del pajarillo en el bosque, la sinfonía de música y colores de un bello ocaso.

Es también necesario sentir y comprender profundamente todos los horribles contrastes de la vida, como son el orden social cruel y despiadado de esta época en que vivimos, las calles llenas de madres infelices que con sus hijos desnutridos y hambrientos mendigan un pedazo de pan, los feos edificios donde viven millares de familias pobres, las carreteras repugnantes por donde circulan millares de carros propulsados con esos combustibles que dañan los organismos, etc.

El estudiante que abandona las aulas tiene que enfrentarse no solamente con su propio egoísmo y con sus propios problemas, sino también con el egoísmo de todas las gentes y con los múltiples problemas de la sociedad humana.

Lo más grave de todo es que el estudiante que abandona las aulas, aun teniendo preparación intelectual, no tiene inteligencia, su conciencia está dormida, está deficientemente preparado para la lucha con la vida.

Ha llegado la hora de investigar y descubrir que es eso que se llama INTELIGENCIA. El diccionario, la enciclopedia, resultan impotentes para definir seriamente la INTELIGENCIA.

Sin inteligencia jamás puede haber transformación radical ni felicidad verdadera y es muy raro en la vida encontrar personas verdaderamente inteligentes.

Lo importante en la vida no es solamente conocer la palabra INTELIGENCIA, sino experimentar en nosotros mismos su honda significación.

Muchos son los que presumen de inteligentes, no hay borracho que no presuma de inteligente y Carlos Marx creyéndose a sí mismo demasiado inteligente, escribió su farsa materialista que ha costado al mundo la pérdida de los valores eternos, el fusilamiento de millares de sacerdotes de distintas religiones, la violación de monjas, budistas, cristianas, etc., la destrucción de muchos templos, la tortura de millares y millones de personas, etc. etc. etc.

Cualquiera puede presumir de inteligente, lo difícil es serlo verdaderamente.

No es adquiriendo más información libresca, más conocimientos, más experiencias, más cosas para deslumbrar a las gentes, más dinero para comprar jueces y policías; etc., como se va a lograr eso que se llama INTELIGENCIA.

No es con ese MÁS, como se puede llegar a tener INTELIGENCIA. Se equivocan de plano aquellos que suponen que la inteligencia puede ser conquistada con el proceso del MÁS.

Es urgente comprender a fondo y en todos los terrenos de la mente subconsciente e inconsciente, lo que es ese pernicioso proceso del MÁS, porque en el fondo se oculta muy secretamente el querido EGO, el YO, el MÍ MISMO, que desea y quiere siempre MÁS y MÁS para engordar y robustecerse.

Este Mefistófeles que llevamos dentro, este SATÁN, este YO, dice: YO tengo MÁS dinero, más belleza, más inteligencia que aquel, más prestigio, más astucia, etc. etc. etc.

Quien quiera de verdad comprender lo que es la INTELIGENCIA, debe aprender a sentirla, debe vivenciarla y experimentarla a través de la meditación profunda.

Todo lo que las gentes acumulan entre el sepulcro podrido de la memoria infiel, información intelectual, experiencias de la vida, se traduce siempre fatalmente en el terminó de MÁS y MÁS. De manera que nunca llegan a conocer el hondo significado de todo eso que acumulan.

Muchos se leen un libro y luego lo depositan entre la memoria satisfechos por haber acumulado más información, pero cuando se le llama a responder por la doctrina escrita en el libro que leyeron, resulta que desconocen la profunda significación de la enseñanza, pero el YO quiere más y más información, más y más libros aun cuando no haya vivenciado la doctrina de ninguno de ellos.

La inteligencia no se consigue con más información libresca, ni con más experiencia, ni con más dinero, ni con más prestigio, la inteligencia puede florecer en nosotros cuando comprendemos todo el proceso del YO, cuando entendemos a fondo todo ese automatismo psicológico del MÁS.

Es indispensable comprender que la mente es el centro básico del MÁS. Realmente ese MÁS es el mismo YO psicológico que exige y la mente es su núcleo fundamental.

Quien quiera ser inteligente de verdad, debe resolverse a morir no solamente en el nivel intelectual superficial, sino también en todos los terrenos subconscientes e inconscientes de la mente.

Cuando el YO muere, cuando el YO se disuelve totalmente lo único que queda dentro de nosotros es el SER auténtico, el SER verdadero, la legítima inteligencia tan codiciada y tan difícil.

Las gentes creen que la mente es creadora, están equivocadas. El YO no es creador y la mente es el núcleo básico del YO.

La inteligencia es creadora porque ella es del SER, es un atributo del SER. No debemos confundir a la mente con la INTELIGENCIA.

Están equivocados de PLANO y en forma radical quienes suponen que la INTELIGENCIA es algo que puede ser cultivado como flor de invernadero. O algo que se pueda comprar como se compran los títulos de nobleza o poseyendo una formidable biblioteca.

Es necesario comprender profundamente todos los procesos de la mente, todas las reacciones, ese MÁS psicológico que acumula, etc. Sólo así brota en nosotros en forma natural y espontánea la llamarada ardiente de la INTELIGENCIA.

Conforme el Mefistófeles que llevamos dentro se va disolviendo, el fuego de la inteligencia creadora se va manifestando poco a poco dentro de nosotros, hasta resplandecer abrasadoramente.

Nuestro verdadero SER es el AMOR y de ese AMOR nace la auténtica y legítima INTELIGENCIA que no es del tiempo.

CAPÍTULO XX

LA VOCACIÓN

A excepción de las personas totalmente inválidas, todo ser humano tiene que servir para algo en la vida, lo difícil es saber para qué sirve cada individuo.

Si hay algo verdaderamente importante en este mundo, es conocernos a sí mismos, raro es aquel que se conoce a sí mismo y aun cuando parezca increíble, es difícil encontrar en la vida a alguna persona que tenga desarrollado el sentido vocacional.

Cuando alguien está plenamente convencido del papel que tiene que representar en la existencia, hace entonces de su vocación un apostolado, una religión, y se convierte de hecho y por derecho propio en un apóstol de la humanidad.

Quien conoce su vocación o quien la llega a descubrir por sí mismo, pasa por un cambio tremendo, ya no busca el éxito, poco le interesa el dinero, la fama, la gratitud, su placer está entonces en la dicha que le proporciona el haber respondido a un llamado íntimo, profundo, ignoto de su propia esencia interior.

Lo más interesante de todo esto es que el sentido VOCACIONAL nada tiene que ver con el YO, pues, aunque parezca extraño el YO aborrece a nuestra propia vocación porque el YO solamente apetece jugosas entradas monetarias, posición, fama, etc.

El sentido de la VOCACIÓN, es algo que pertenece a nuestra propia ESENCIA INTERIOR; es algo muy de adentro, muy profundo, muy íntimo.

El sentido vocacional lleva al hombre a acometer con verdadero denuedo y desinterés verdadero las más tremendas empresas a costa de toda clase de sufrimientos y calvarios. Es por lo tanto apenas normal que el YO aborrezca la verdadera vocación.

El sentido de la VOCACIÓN nos conduce de hecho por la senda del heroísmo legítimo, aun cuando tengamos que soportar estoicamente toda clase de infamias, traiciones y calumnias.

El día que un hombre pueda decir la verdad: "YO SÉ QUIEN SOY Y CUAL ES MI VERDADERA VOCACIÓN", desde ese instante comenzará a vivir con verdadera rectitud y amor. Un hombre así vive en su obra y su obra en él.

Realmente sólo son muy pocos los hombres que pueden hablar así, con verdadera sinceridad de corazón. Quienes así hablan son los selectos aquellos que tienen en grado superlativo el sentido de la VOCACIÓN.

Hallar nuestra verdadera VOCACIÓN ES FUERA DE TODA DUDA, el problema social más grave, el problema que se encuentra en la base misma de todos los problemas de la sociedad.

Encontrar o descubrir nuestra verdadera vocación individual, equivale de hecho a descubrir un tesoro muy precioso.

Cuando un ciudadano encuentra con toda certidumbre y fuera de toda duda su verdadero y legítimo oficio, se hace por éste sólo hecho INSUSTITUIBLE.

Cuando nuestra vocación corresponde totalmente y en forma absoluta al puesto que estamos ocupando en la vida, ejercemos entonces nuestro trabajo como un verdadero apostolado, sin codicia alguna y sin deseo de poder.

Entonces el trabajo en vez de producirnos codicia, aburrimiento o deseos de cambiar de oficio, nos trae dicha verdadera, profunda, íntima aun cuando tengamos que soportar pacientemente dolorosos vía crucis.

En la práctica hemos podido verificar que cuando el puesto no corresponde a la VOCACIÓN del individuo, entonces sólo piensa éste en función del MÁS.

El mecanismo del YO es el MÁS. Más dinero, más fama, más proyectos, etc. etc. etc. y como es apenas natural el sujeto suele tornarse hipócrita, explotador, cruel, despiadado, intransigente, etc.

Si estudiamos la burocracia detenidamente podemos comprobar que rara vez en la vida el puesto corresponde a la vocación individual.

Si estudiamos en forma minuciosa los distintos gremios del proletariado, podemos evidenciar que en muy raras ocasiones el oficio corresponde a la VOCACIÓN individual.

Cuando observamos cuidadosamente a las clases privilegiadas, ya sean éstas del este o del oeste del mundo, podemos evidenciar la falta total del sentido VOCACIONAL. Los llamados "NIÑOS BIEN" ahora asaltan a mano armada, violan a indefensas mujeres, etc. para matar el aburrimiento. No habiendo encontrado su puesto en la vida, andan desorientados y se convierten en REBELDES SIN CAUSA como para "variar un poco".

Es espantoso el estado Caótico de la humanidad por estos tiempos de crisis mundial.

Nadie está contento con su trabajo porque el puesto no corresponde a la vocación, llueven solicitudes de empleo porque nadie tiene ganas de morirse de hambre, pero las solicitudes no corresponden a la VOCACIÓN de aquellos que solicitan.

Muchos chóferes deberían ser médicos o ingenieros. Muchos abogados deberían ser ministros y muchos ministros deberían ser sastres. Muchos limpiadores de calzado deberían ser ministros y muchos ministros deberían ser limpiadores de calzado, etc. etc.

Las gentes están en puestos que no les corresponden, que nada tienen que ver con su verdadera VOCACIÓN individual, debido a esto la máquina social funciona pésimamente. Esto es semejante a un motor que estuviese estructurado con piezas que no le corresponden y el resultado tiene que ser inevitablemente el desastre, el fracaso, el absurdo.

En la práctica hemos podido comprobar hasta la saciedad que cuando alguien no tiene disposición VOCACIONAL para ser guía, instructor religioso, líder político o director de alguna asociación espiritualista, científica, literaria, filantrópica, etc. entonces sólo piensa en función del MÁS y se dedica a hacer proyectos y más proyectos con secretos propósitos inconfesables.

Es obvio que cuando el puesto no corresponde a la VOCACIÓN individual el resultado es la explotación.

Por estos tiempos terriblemente materialistas en que vivimos, el puesto de maestro está siendo arbitrariamente ocupado por muchos mercaderes que ni remotamente tienen VOCACIÓN para el Magisterio. El resultado de semejante infamia es la explotación, crueldad y falta de verdadero amor.

Muchos sujetos ejercen el magisterio exclusivamente con el propósito de conseguir dinero para pagar sus estudios en la Facultad de Medicina, Derecho o Ingeniería o simplemente porque no encuentran nada más que hacer. Las víctimas de semejante fraude intelectual son los alumnos y alumnas.

El verdadero maestro vocacional hoy en día es muy difícil encontrarlo y es la mayor dicha que pueden llegar a tener los alumnos y alumnas de escuelas, colegios y universidades.

La VOCACIÓN del maestro está sabiamente traducida por aquella pieza de prosa conmovedora de GABRIELA MISTRAL titulada la «ORACIÓN DE LA MAESTRA». Dice la maestra de provincia dirigiéndose a lo DIVINAL, al MAESTRO SECRETO:

"Dame el amor único de mi escuela: qué ni la quemadura de la belleza sea capaz de robarle mi ternura de todos los instantes. Maestro, hazme perdurable el fervor y pasajero el desencanto. Arranca de mí este impuro deseo de mal entendida justicia que aún me turba, la mezquina insinuación de protesta que sube de mí cuando me hieren, no me duela la incomprensión ni me entristezca el olvido de las que enseñé".

"Dame el ser más madre que las madres, para poder amar y defender como ellas lo que NO es carne de mis carnes. Dame alcance a hacer de una de mis niñas mi verso perfecto y a dejarle en ella clavado mi más penetrante melodía, para cuando mis labios no canten más".

"Muéstrame posible tu Evangelio en mi tiempo, para que no renuncie a la batalla de cada día y de cada hora por él".

¿Quién puede medir la influencia psíquica maravillosa de un maestro así inspirado con tanta ternura, por el sentido de su VOCACIÓN?

El individuo da con su vocación por una de estas tres vías: primera: El AUTO-DESCUBRIMIENTO de una capacidad especial. Segunda: la visión de una necesidad urgente. Tercera: la muy rara dirección de los padres y maestros que descubrieron la VOCACIÓN del alumno o alumna mediante la observación de sus aptitudes.

Muchos individuos han descubierto su VOCACIÓN en determinado momento crítico de su vida, frente a una situación seria que reclamaba inmediato remedio.

GHANDI era un abogado cualquiera, cuando con motivo de un atentado contra los derechos de los hindúes en el África del SUR hizo cancelar su pasaje de regreso a la India y se quedó a defender la causa de sus compatriotas. Una necesidad momentánea le encaminó hacia la VOCACIÓN de toda su vida.

Los grandes benefactores de la humanidad, han encontrado su VOCACIÓN ante una crisis situacional, que reclamaba inmediato remedio. Recordemos a OLIVERIO CROMWELL, el padre de las libertades inglesas; Benito Juárez, el forjador del nuevo

México; José de San Martín y Simón Bolívar, padres de la independencia suramericana, etc., etc.

JESÚS el CRISTO, BUDHA, MAHOMA, HERMES, ZOROASTRO, CONFUCIO, FUHI, etc., fueron hombres que en determinado momento de la historia supieron comprender su verdadera VOCACIÓN y se sintieron llamados por la voz interior que emana del ÍNTIMO.

La EDUCACIÓN FUNDAMENTAL está llamada a descubrir por diversos métodos, la capacidad latente de los estudiantes. Los métodos que la pedagogía extemporánea está utilizando por estos tiempos para descubrir la VOCACIÓN de los alumnos y alumnas, son fuera de toda duda crueles, absurdos y despiadados.

Los cuestionarios VOCACIONALES han sido elaborados por mercaderes que arbitrariamente ocupan el puesto de maestros.

En algunos países antes de entrar a preparatorias y VOCACIONALES, se somete a los alumnos a las crueldades psicológicas más horribles. Se les hacen preguntas sobre matemáticas, civismo, biología, etc.

Lo más cruel de estos métodos son los famosos TEST psicológicos, índice Y.Q, íntimamente relacionados con la prontitud mental.

Según sea el tipo de respuesta, según se califiquen, el estudiante es entonces embotellado en uno de los tres bachilleratos. Primero: Físico Matemáticos. Segundo: Ciencias Biológicas. Tercero: Ciencias Sociales.

De los Físico Matemáticos salen Ingenieros, Arquitectos, Astrónomos, Aviadores, etc.

De las Ciencias Biológicas salen Farmaceutas, Enfermeras, Biólogos, Médicos, etc.

De las ciencias Sociales salen Abogados, Literatos, Doctores en Filosofía y Letras, directores de Empresas, etc.

El plan de estudio en cada país es diferente y es claro que no en todos los países existen tres bachilleratos distintos. En muchos países sólo existe un bachillerato y terminado éste el alumno pasa la Universidad.

En algunas naciones no se examina la capacidad VOCACIONAL del estudiante y éste ingresa a la facultad con el deseo de tener una profesión para ganarse la vida, aun cuando ésta no coincida con sus tendencias innatas, con su sentido VOCACIONAL.

Hay países donde se examina la capacidad VOCACIONAL de los estudiantes y hay naciones donde no se les examina. Absurdo es no saber orientar

VOCACIONALMENTE a los estudiantes, no examinar sus capacidades y tendencias innatas. Estúpidos son los cuestionarios VOCACIONALES y toda esa jerga de preguntas, TEST PSICOLÓGICOS, índice Y.Q., etc.

Esos métodos de examen VOCACIONAL no sirven porque la mente tiene sus momentos de crisis y si el examen se verifica en un momento de esos, el resultado es el fracaso y desorientación del estudiante.

Los maestros han podido verificar que la mente de los alumnos tiene, como el mar, sus altas y bajas mareas, su plus y su minus. Existe un Bio-Ritmo en las glándulas masculinas y femeninas. También existe un Bio-Ritmo para la mente.

En determinadas épocas las glándulas masculinas se encuentran en PLUS y las femeninas en MINUS o viceversa. La mente tiene también su PLUS y su MINUS.

Quien quiera conocer la ciencia del BIO RITMO le indicamos se estudie la famosa obra titulada BIO RITMO escrita por el eminente sabio GNÓSTICO ROSA-CRUZ, Doctor Arnoldo Krumm Heller, Médico coronel del Ejército Mexicano y Profesor de Medicina de la Facultad de Berlín.

Nosotros afirmamos enfáticamente que una crisis emocional o un estado de nerviosismo psíquico ante la difícil situación de un examen puede llevar a un estudiante al fracaso durante el examen pre vocacional.

Nosotros afirmamos que un abuso cualquiera del centro del movimiento producido tal vez por el deporte, por una excesiva caminata, o por un trabajo físico arduo, etc. puede originar crisis INTELECTUAL aun cuando la mente se halle en PLUS y conducir al estudiante al fracaso durante un examen pre vocacional.

Nosotros afirmamos que una crisis cualquiera relacionada con el centro instintivo, tal vez en combinación con el placer sexual, o con el centro emocional, etc., puede llevar al estudiante al fracaso durante un examen pre vocacional.

Nosotros afirmamos que una-crisis sexual cualquiera, un síncope de sexualidad reprimida, un abuso sexual, etc., puede ejercer su influencia desastrosa sobre la mente llevándola al fracaso durante un examen pre vocacional.

La educación fundamental enseña que los gérmenes vocacionales se hallan depositados, no solamente en el centro intelectual sino también en cada uno de los otros cuatro centros de la Psico-fisiología de la máquina orgánica.

Es urgente tener en cuenta los cinco centros psíquicos llamados Intelecto, Emoción, Movimiento, Instinto y Sexo. Es absurdo pensar que el intelecto es el único centro de Cognición. Si se examina exclusivamente el centro intelectual con el propósito de descubrir las actitudes vocacionales de determinado sujeto, además de cometerse una grave injusticia que resulta de hecho muy perjudicial para el individuo y para la sociedad, se incurre en un error porque los gérmenes de la vocación no sólo se hallan contenidos en el centro intelectual sino también, además, en cada uno de los otros cuatro centros Psico-fisiológicos del individuo.

El único camino obvio que existe para descubrir la verdadera vocación de los alumnos y alumnas es el AMOR VERDADERO.

Si padres de familia y maestros se asocian en mutuo acuerdo para investigar en el hogar y en la escuela, para observar detalladamente todos los actos de los alumnos y alumnas, podría descubrir las tendencias innatas de cada alumno y alumna.

Ese es el único camino obvio que permitirá a padres de familia y maestros descubrir el sentido vocacional de los alumnos y alumnas.

Esto exige AMOR verdadero de padres y maestros y es obvio que, si no existe verdadero amor de los padres y madres de familia y auténticos maestros vocacionales capaces de sacrificarse de verdad por sus discípulos y discípulas, tal empresa resulta entonces impracticable.

Si los gobiernos quieren de verdad salvar a la sociedad, necesitan expulsar a los mercaderes del templo con el látigo de la voluntad.

Debe iniciarse una nueva época cultural difundiendo por doquiera la doctrina de la EDUCACIÓN FUNDAMENTAL.

Los estudiantes deben defender sus derechos valerosamente y exigir a los gobiernos verdaderos maestros vocacionales. Afortunadamente existe el arma formidable de las huelgas y los estudiantes tienen esa arma.

En algunos países ya existen dentro de las escuelas, colegios y universidades, ciertos maestros orientadores que realmente no son vocacionales, el puesto que ocupan no coincide con sus tendencias innatas. Estos maestros no pueden orientar a los demás porque ni a sí mismos pudieron orientarse.

Se necesita con urgencia verdaderos maestros vocacionales capaces de orientar inteligentemente a los alumnos y alumnas.

Es necesario saber que, debido a la pluralidad del YO, el ser humano representa automáticamente diversos papeles en el teatro de la vida. Los muchachos y muchachas tienen un papel para la escuela, otro para la calle y otro para el hogar.

Si se quiere descubrir la VOCACIÓN de un joven o de una joven hay que observarlos en la escuela, en el hogar y aún en la calle.

Este trabajo de observación sólo pueden realizarlo los padres y maestros verdaderos en íntima asociación.

Entre la pedagogía anticuada existe también el sistema de observar calificaciones para deducir vocaciones. El alumno que se distinguió en civismo con las más altas calificaciones es entonces clasificado como un posible abogado y el que se distinguió en biología se le define como un médico en potencia, y el que, en matemáticas, como un posible ingeniero, etc.

Este sistema absurdo para deducir VOCACIONES es demasiado empírico porque la mente tiene sus altas y sus bajas no sólo en la forma total ya conocida sino también en ciertos estados particulares especiales.

Muchos escritores que en la escuela fueron pésimos estudiantes de gramática descollaron en la vida como verdaderos maestros del lenguaje. Muchos ingenieros notables tuvieron siempre en la escuela las peores calificaciones en Matemáticas y multitud de médicos fueron en la escuela reprobados en biología y ciencias naturales.

Es lamentable que muchos padres de familia en vez de estudiar las aptitudes de sus hijos sólo vean en ellos la continuación de su querido ÉGO, YO psicológico, MÍ MISMO.

Muchos padres abogados quieren que sus hijos continúen en el bufete y muchos dueños de negocios quieren que sus hijos continúen manejando sus intereses egoístas sin interesarles en lo más mínimo el sentido vocacional de ellos.

El YO quiere siempre subir, trepar al tope de la escalera, hacerse sentir y cuando sus ambiciones fracasan entonces quieren lograr por medio de sus hijos lo que por sí mismo no pudieron alcanzar. Estos padres ambiciosos meten a sus muchachos y muchachas en carreras y puestos que nada tienen que ver con el sentido VOCACIONAL de éstos.

CAPÍTULO XXI

LOS TRES CEREBROS

La Psicología revolucionaria de la nueva era afirma que la máquina orgánica del ANIMAL INTELECTUAL falsamente llamado hombre, existe en forma tricentrada o tricerebrada.

El primer cerebro está encerrado en la caja craneana. El segundo cerebro corresponde concretamente a la espina dorsal con su médula central y todos sus ramos nerviosos. El tercer cerebro no reside en un lugar definido ni tampoco es un órgano determinado. Realmente el tercer cerebro está constituido por los plexos nerviosos simpáticos y en general por todos los centros nerviosos específicos del organismo humano.

El primer cerebro es el centro pensante. El segundo cerebro es el centro del movimiento, comúnmente denominado centro motor. El tercer cerebro es el centro emocional.

Está completamente demostrado en la práctica que todo abuso del cerebro pensante produce gasto excesivo de energía intelectual. Es pues lógico afirmar sin temor a dudas que los manicomios son verdaderos cementerios de muertos intelectuales.

Los deportes armoniosos y equilibrados son útiles para el cerebro motor, pero el abuso del deporte significa gasto excesivo de energías motrices y el resultado suele ser desastroso. No es absurdo afirmar que existen muertos del cerebro motor. Dichos muertos son conocidos como enfermos de Hemiplejia, Paraplejia, Parálisis progresiva, etc.

El sentido estético, la mística, el éxtasis, la música superior, son necesarios para cultivar el centro emocional, pero el abuso de dicho cerebro produce desgaste inútil y derroche de energías emocionales. Abusan del cerebro emocional los existencialistas de la "nueva ola", los fanáticos del Rock, los Seudo-Artistas sensuales del arte moderno, los pasionarios morbosos de la sensualidad, etc., etc.

Aun cuando parezca increíble, la muerte ciertamente se procesa por tercios en cada persona. Ya está comprobado hasta la saciedad que toda enfermedad tiene su base en cualquiera de los tres cerebros.

La gran ley ha depositado sabiamente en cada uno de los tres cerebros del animal intelectual, determinado capital de VALORES VITALES. Ahorrar dicho capital significa de hecho alargar la vida, malgastar dicho capital produce muerte.

Arcaicas tradiciones que han llegado hasta nosotros desde la noche aterradora de los siglos, afirman que el promedio de la vida humana en el Antiguo Continente MU, situado en el Océano Pacífico, oscilaba entre Doce y Quince Siglos.

Con el devenir de los siglos a través de todas las edades el uso equivocado de los tres cerebros fue acortando la vida poco a poco.

En el país asoleado de KEM... allá en el viejo Egipto de los Faraones el promedio de vida humana alcanzaba ya únicamente a ciento cuarenta años.

Actualmente en estos tiempos modernos de gasolina y celuloide, en esta época de existencialismo y rebeldes del Rock, el promedio de la vida humana según algunas compañías de Seguros, es apenas de cincuenta años.

Los Señores Marxistas-Leninistas de la UNIÓN SOVIÉTICA, fanfarrones y mentirosos como siempre, por ahí andan diciendo que han inventado sueros muy especiales para alargar la vida, pero el viejito Kruschev todavía no tiene ochenta años y tiene que pedirle permiso a un pie para levantar el otro.

En el centro del ASIA existe una comunidad religiosa constituida por ancianos que ya ni recuerdan su juventud. El promedio de vida de esos ancianos oscila entre cuatrocientos y quinientos años.

Todo el Secreto de larga vida de estos Monjes Asiáticos consiste en el sabio uso de los tres cerebros.

El funcionalismo equilibrado y armonioso de los tres cerebros significa ahorro de los VALORES VITALES y como lógica consecuencia, prolongación de la vida.

Existe una Ley cósmica conocida como: "IGUALACIÓN DE LAS VIBRACIONES DE MUCHAS FUENTES". Los Monjes de dicho Monasterio saben utilizar dicha ley mediante el uso de los tres cerebros.

La pedagogía extemporánea conduce a los alumnos y alumnas al abuso del cerebro pensante cuyos resultados ya conoce la Psiquiatría.

El cultivo inteligente de los tres cerebros es EDUCACIÓN FUNDAMENTAL. En las antiguas escuelas de misterios de Babilonia, Grecia, India, Persia, Egipto, etc., los alumnos y alumnas recibían información íntegra directa, para sus tres cerebros mediante el precepto, la danza, la música, etc., inteligentemente combinados.

Los teatros de los antiguos tiempos formaban parte de la escuela. El drama, la comedia, la tragedia, combinados con la mímica especial, la música, la enseñanza oral, etc. Servían para informar a los tres cerebros de cada individuo.

Entonces los estudiantes no abusaban del cerebro pensante y sabían usar con inteligencia y en forma equilibrada sus tres cerebros.

Las danzas de los misterios de Eleusis en Grecia, el teatro en Babilonia, la escultura en Grecia fue siempre utilizados para transmitir conocimientos a los discípulos y discípulas.

Ahora en estos tiempos degenerados del Rock, los alumnos y alumnas confundidos y desorientados andan por la senda tenebrosa del abuso mental.

Actualmente no existen verdaderos sistemas creadores para el armonioso cultivo de los tres cerebros.

Los maestros y maestras de escuelas, colegios y universidades, sólo se dirigen a la memoria infiel de los aburridos estudiantes que esperan con ansiedad la hora de salir del aula.

Es urgente, es indispensable saber combinar intelecto, movimiento y emoción con el propósito de llevar información íntegra a los tres cerebros de los estudiantes.

Resulta absurdo informar a un solo cerebro. El primer cerebro no es el único de cognición. Resulta criminoso abusar del cerebro pensante de los alumnos y alumnas.

La EDUCACIÓN FUNDAMENTAL deberá conducir a los estudiantes por la senda del desarrollo armonioso.

La Psicología revolucionaria enseña claramente que los tres cerebros tienen tres clases de asociaciones independientes totalmente distintas. Estas tres clases de asociaciones evocan diferentes tipos de impulsos del ser.

Esto nos da de hecho tres personalidades diferentes que no poseen nada en común ni en su naturaleza ni en sus manifestaciones.

La Psicología revolucionaria de la nueva era enseña que en cada persona existen tres aspectos psicológicos distintos. Con una parte de la esencia psíquica deseamos una cosa, con otra parte deseamos algo decididamente diferente y gracias a la tercera parte hacemos algo totalmente opuesto.

En un instante de supremo dolor, tal vez la pérdida de un ser querido o cualquier otra catástrofe íntima, la personalidad emocional llega hasta la desesperación mientras la personalidad intelectual se pregunta el porqué de toda esa tragedia, y la personalidad del movimiento sólo quiere huir de la escena.

Estas tres personalidades distintas, diferentes, y muchas veces hasta contradictorias, deben ser inteligentemente cultivadas e instruidas con métodos y sistemas especiales en todas las escuelas, colegios y universidades.

Desde el punto de vista psicológico resulta absurdo educar exclusivamente a la personalidad intelectual. El hombre tiene tres personalidades que necesitan urgentemente la EDUCACIÓN FUNDAMENTAL.

CAPÍTULO XXII

EL BIEN Y EL MAL

EL BIEN y el MAL no existen. Una cosa es buena cuando nos conviene, y mala cuando no nos conviene. EL BIEN y el MAL es cuestión de conveniencias egoístas y caprichos de la mente.

El hombre que inventó los fatídicos términos BIEN y MAL fue un Atlante llamado MAKARI KRONVERNKZYON, miembro distinguido de la Científica Sociedad AKALDAN, situada en el sumergido continente Atlante.

Jamás sospechó el viejo sabio Arcaico el daño tan grave que iba a causar a la humanidad, con el invento de sus dos palabritas.

Los sabios Atlantes estudiaron profundamente todas las fuerzas EVOLUTIVAS, INVOLUTIVAS y NEUTRAS DE LA NATURALEZA, pero a este viejo sabio se le ocurrió la idea de definir las dos primeras con los términos BIEN Y MAL. A las fuerzas de tipo EVOLUTIVO las llamó buenas y a las fuerzas de tipo INVOLUTIVO las bautizó con el término de malas. A las fuerzas neutras no les dio nombre alguno.

Dichas fuerzas se procesan dentro del hombre y dentro de la naturaleza siendo la fuerza neutra el punto de apoyo y equilibrio.

Muchos siglos después de la sumersión de la ATLÁNTIDA con su famosa POISEDONIS de la cual habla Platón en su República, existió en la civilización oriental TIKLYAMISHAYANA un sacerdote antiquísimo que cometió el gravísimo error de abusar con los términos BIEN y MAL utilizándolos torpemente para basar sobre ellos una moral. El hombre de dicho sacerdote fue ARMANATOORA.

Con el devenir de la historia a través de los innumerables siglos, la humanidad se vició con estas dos palabritas y las convirtió en el fundamento de todos sus códigos morales. Hoy en día éstas dos palabritas las encuentra uno hasta en la sopa.

Actualmente hay muchos REFORMADORES que quieren la RESTAURACIÓN MORAL pero que para desgracia de ellos y de éste afligido mundo tienen la mente embotellada entre el BIEN y el MAL.

Toda moral se fundamenta en las palabritas BIEN y MAL por eso todo REFORMADOR MORAL es de hecho un REACCIONARIO.

Los términos BIEN y MAL sirven siempre para JUSTIFICAR o CONDENAR nuestros propios errores.

Quien justifica o condena no comprende. Es inteligente comprender el desarrollo de las fuerzas EVOLUTIVAS, pero no es inteligente justificarlas con el término BUENAS. Es inteligente comprender los procesos de las fuerzas involutivas, pero resulta estúpido condenarlas con el término de MALAS.

Toda fuerza centrífuga puede convertirse en fuerza centrípeta. Toda fuerza involutiva puede transformarse en EVOLUTIVA.

Dentro de los infinitos procesos de la energía en estado EVOLUTIVO existen infinitos procesos de energía en estado INVOLUTIVO.

Dentro de cada ser humano existen distintos tipos de energía que EVOLUCIONAN, INVOLUCIONAN y se transforman incesantemente.

Justificar determinado tipo de energía y condenar otro, no es comprender. Lo vital es comprender.

La experiencia de LA VERDAD ha sido muy rara entre la humanidad debido al hecho concreto del embotellamiento mental. Las gentes están embotelladas entre los opuestos BIEN y MAL.

LA PSICOLOGÍA REVOLUCIONARIA del MOVIMIENTO GNÓSTICO se basa en el estudio de los distintos tipos de energía que operan dentro del organismo humano y dentro de la naturaleza.

EL MOVIMIENTO GNÓSTICO tiene una ÉTICA REVOLUCIONARIA que nada tiene que ver con la moral de los reaccionarios ni tampoco con los términos conservadores y retardatarios del BIEN y del MAL.

Dentro del laboratorio Psico-Fisiológico del organismo humano existen fuerzas evolutivas, involutivas y neutras que deben ser estudiadas y comprendidas profundamente.

El termino BIEN impide la COMPRENSIÓN de las energías EVOLUTIVAS debido a la justificación.

El termino MAL impide la comprensión de las fuerzas INVOLUTIVAS debido a la condenación.

Justificar o condenar no significa comprender. Quien quiera acabar con sus defectos no debe justificarlos ni condenarlos. Es urgente COMPRENDER nuestros errores.

Comprender la IRA en todos los niveles de la mente es fundamental para que en nosotros nazca la serenidad y la dulzura.

Comprender los infinitos matices de la codicia es indispensable para que en nosotros nazca la filantropía y el altruismo.

Comprender la lujuria en todos los niveles de la mente es condición indispensable para que en nosotros nazca la castidad verdadera.

Comprender la envidia en todos los terrenos de la mente es suficiente para que nazca en nosotros el sentido de cooperación y la dicha por el bienestar y el progreso ajeno.

Comprender el orgullo en todos sus matices y grados es la base para que nazca en nosotros en forma natural y sencilla la flor exótica de la humildad.

Comprender lo que es ese elemento de inercia llamado pereza, no sólo en sus formas grotescas sino también en sus formas más sutiles, es indispensable para que nazca en nosotros el sentido de actividad.

Comprender las diversas formas de la GULA y de la glotonería equivale a destruir los vicios del centro instintivo como son banquetes, borracheras, cacería, carnivorismo, miedo a la muerte, deseos de perpetuar el YO, temor a la aniquilación, etc.

Los maestros de escuelas, colegios y universidades aconsejan a sus discípulos y discípulas que mejoren como si el YO pudiera mejorar, que adquieran determinadas virtudes como si el YO pudiera conseguir virtudes, etc.

Es urgente comprender que el YO no mejora jamás, que nunca es más perfecto y que quien codicia virtudes robustece el YO.

La PERFECCIÓN TOTAL sólo nace en nosotros con la disolución del YO. Las virtudes nacen en nosotros en forma natural y sencilla cuando comprendemos nuestros defectos psicológicos no solamente en el nivel intelectual sino también en todos los terrenos subconscientes e inconscientes de la mente.

Querer mejorar es estúpido, desear la santidad es envidia, codiciar virtudes significa robustecer el YO con el veneno de la codicia.

Necesitamos la muerte total del YO no sólo en el nivel intelectual sino también en todos los recovecos, regiones, terrenos y pasillos de la mente. Cuando hemos muerto absolutamente, sólo queda en nosotros ESO que es PERFECTO. ESO que está saturado de virtudes, ESO que es la ESENCIA de nuestro SER ÍNTIMO, ESO que no es del tiempo.

Sólo comprendiendo a fondo todos los infinitos procesos de las fuerzas evolutivas que se desarrollan dentro de nosotros mismos aquí y ahora. Sólo comprendiendo en forma íntegra los distintos aspectos de las fuerzas INVOLUTIVAS que se procesan dentro de nosotros mismos de momento en momento, podemos disolver el YO.

Los términos BIEN y MAL sirven para JUSTIFICAR y CONDENAR, pero jamás para comprender.

Cada defecto tiene muchos matices, fondos, trasfondos y profundidades. Comprender un defecto en el nivel intelectual no significa haberlo comprendido en los distintos terrenos subconsciente, inconsciente e infra consciente de la mente.

Cualquier defecto puede desaparecer del nivel intelectual y continuar en los otros terrenos de la mente.

La IRA se disfraza con la toga del Juez. Muchos codician no ser codiciosos, hay quienes no codician dinero, pero codician poderes Psíquicos, virtudes, amores, felicidad aquí o después de la muerte, etc., etc., etc.

Muchos hombres y mujeres se emocionan y fascinan ante las personas de sexo opuesto "DIZQUE" porque aman la belleza, su propio subconsciente les traiciona, la LUJURIA se disfraza con el sentido estético.

Muchos envidiosos envidian a los santos y hacen penitencias y se azotan porque desean también llegar a ser SANTOS.

Muchos envidiosos envidian a quienes se sacrifican por la humanidad y entonces queriendo ser grandes también, hacen escarnio de aquellos a quienes envidian y lanzan contra ellos toda su baba difamatoria.

Hay quienes se sienten orgullosos por la posición, el dinero, la fama y el prestigio, y hay quienes se sienten orgullosos de su condición humilde.

Diógenes se sentía orgulloso del Tonel en que dormía y cuando llegó a casa de Sócrates saludó diciendo: "Pisando tu orgullo Sócrates, pisando tu orgullo". "Sí, Diógenes, con tu orgullo pisas mi orgullo". Fue la respuesta de Sócrates.

Las mujeres vanidosas se encrespan los cabellos, se visten y adornan con todo lo que pueden para despertar la envidia de las otras mujeres, pero la Vanidad se disfraza también con la túnica de la humildad.

Cuenta la tradición que Aristipo el filósofo griego queriendo demostrar a todo el mundo su sabiduría y su humildad se vistió con una túnica viejísima y llena de agujeros, empuñó en su mano derecha el palo de la Filosofía y se fue por las calles de Atenas. Cuando Sócrates le vio venir, exclamó: "Se ve tu vanidad a través de los agujeros de tu vestidura, oh Aristipo".

Muchos son los que están en la miseria debido al elemento pereza, pero existen gentes que trabajan demasiado para ganarse la vida, pero sienten pereza de estudiar y conocerse a sí mismos para disolver el YO.

Son muchos los que han abandonado la Gula y la Glotonería, pero desgraciadamente se emborrachan y salen de cacería.

Cada defecto es multifacético y se desarrolla y procesa en forma gradual desde el peldaño más bajo de la escala Psicológica hasta el peldaño más elevado.

Dentro de la cadencia deliciosa de un verso, también se esconde el delito.

El delito también se viste de Santo, de Mártir, de casto, de Apóstol, etc.

El BIEN y el MAL no existen, dichos términos sólo sirven para buscar evasivas y eludir el estudio profundo y detallado de nuestros propios defectos.

CAPÍTULO XXIII

LA MATERNIDAD

L a vida del ser humano comienza como una simple célula sujeta, como es natural, al tiempo extraordinariamente rápido de las células vivientes.

Concepción, gestación, nacimiento, es siempre el trío maravilloso y formidable con que comienza la vida de cualquier criatura.

Es realmente sorprendente saber que nuestros primeros momentos de existencia debemos vivirlos en lo infinitamente pequeño, convertidos, cada uno de nosotros en una simple célula microscópica.

Comenzamos a existir en forma de insignificante célula y terminamos la vida viejos, ancianos y sobrecargados de recuerdos.

El YO es memoria. Muchos ancianos ni remotamente viven en el presente, muchos viejos viven únicamente recordando el pasado. Todo viejo no es más que una voz y una sombra. Todo anciano es un fantasma del pasado, memoria acumulada y ésta es la que continúa en los Genes de nuestros descendientes.

La concepción humana se inicia con tiempos extraordinariamente veloces, pero a través de los distintos procesos de la vida se van haciendo cada vez más y más lentos.

A muchos lectores les conviene recordar la relatividad del tiempo. El insignificante insecto que sólo vive unas cuantas horas en una tarde de verano, parece como si casi no viviera, más vive realmente todo lo que un hombre vive en ochenta años, lo que sucede es que vive rápidamente, un hombre vive en ochenta años todo lo que vive un planeta en millones de años.

Cuando el Zoospermo se junta con el huevo comienza la gestación. La célula con la cual comienza la vida humana, contiene cuarenta y ocho cromosomas.

Los cromosomas se dividen en genes, un centenar de éstos últimos o algo más constituyen ciertamente eso que es un Cromosoma.

Los Genes son muy difíciles de estudiar porque están constituidos cada uno por unas pocas moléculas que vibran con inconcebible rapidez.

El mundo maravilloso de los Genes constituye una zona intermedia entre el mundo tridimensional y el mundo de la cuarta dimensión.

En los Genes se encuentran los átomos de la herencia. El YO PSICOLÓGICO de nuestros antepasados, viene a impregnar el huevo fecundado.

En esta era de Electro-técnica y ciencia atómica, de ninguna manera resulta exagerado afirmar que la huella electro-magnética dejada por un antepasado que exhaló su último aliento haya venido a imprimirse en los Genes y cromosomas del huevo fecundado por un descendiente.

El sendero de la vida está formado con las huellas de los cascos del caballo de la muerte.

Durante el curso de la existencia, diferentes tipos de energía fluyen por el organismo humano; cada tipo de energía tiene su propio sistema de acción, cada tipo de energía se manifiesta a su tiempo y a su hora.

A los dos meses de concepción tenemos la función digestiva y a los cuatro meses de concepción entra en acción la fuerza motriz tan íntimamente relacionada con los sistemas respiratorio y muscular.

Es maravilloso el espectáculo científico del nacer y morir de todas las cosas. Muchos sabios afirman que existe íntima analogía entre el nacimiento de la criatura humana y el nacimiento de los mundos en el espacio sideral.

A los nueve meses nace el niño, a los diez comienza el crecimiento con todos sus maravillosos metabolismos y el desarrolló simétrico y perfecto de los tejidos conjuntivos.

Cuando la Fontanela frontal de los recién nacidos se cierra a los dos o tres años de edad, es señal de que el sistema cerebro-espinal ha quedado terminado perfectamente.

Muchos científicos han dicho que la naturaleza tiene imaginación y que esta imaginación da forma viviente a todo lo que es, a todo lo que ha sido, a todo lo que será.

Multitud de gentes se ríen de la imaginación y algunos hasta la llaman la "LOCA DE LA CASA".

Alrededor de la palabra IMAGINACIÓN existe mucha confusión y son muchos los que confunden a la IMAGINACIÓN con la FANTASÍA.

Ciertos sabios dicen que existen dos imaginaciones. A la primera la llaman IMAGINACIÓN MECÁNICA y a la segunda IMAGINACIÓN INTENCIONAL: La primera está constituida por los deshechos de la mente y la segunda corresponde a lo más digno y decente que tenemos dentro.

A través de la observación y la experiencia hemos podido verificar que existe también un tipo de SUB-IMAGINACIÓN MECÁNICA MORBOSA INFRACONSCIENTE y SUBJETIVA.

Ese tipo de SUB-IMAGINACIÓN AUTOMÁTICA funciona por debajo de la ZONA INTELECTUAL.

Las imágenes eróticas, el cine morboso, los cuentos picantes con doble sentido, los chistes morbosos, etc., suelen poner a trabajar en forma inconsciente la SUB-IMAGINACIÓN MECÁNICA.

Análisis de fondo nos han llevado a la conclusión lógica de que los sueños eróticos y las poluciones nocturnas se deben a la SUB-IMAGINACIÓN MECÁNICA.

La CASTIDAD ABSOLUTA resulta imposible mientras exista la SUB-IMAGINACIÓN MECÁNICA.

Es a todas luces perfectamente claro que la IMAGINACIÓN CONSCIENTE es radicalmente distinta a eso que se llama IMAGINACIÓN MECÁNICA, SUBJETIVA, INFRACONSCIENTE. SUBCONSCIENTE.

Cualquier representación puede ser percibida en forma AUTO-ENALTECEDORA y dignificante, pero la SUB-IMAGINACIÓN de tipo mecánico, infra consciente, subconsciente, inconsciente, puede traicionarnos funcionando automáticamente con matices e imágenes sensuales, pasionarias, sumergidas.

Si queremos la CASTIDAD ÍNTEGRA, uni-total, de fondo, necesitamos vigilar no solamente la IMAGINACIÓN CONSCIENTE, sino también la IMAGINACIÓN MECÁNICA y la SUB-IMAGINACIÓN INCONSCIENTE, AUTOMÁTICA, SUBCONSCIENTE, SUMERGIDA.

No debemos olvidar jamás la íntima relación existente entre SEXO e IMAGINACIÓN.

A través de la meditación de fondo debemos transformar todo tipo de imaginación mecánica y toda forma de SUB-IMAGINACIÓN e INFRA-IMAGINACIÓN AUTOMÁTICA, en IMAGINACIÓN CONSCIENTE, objetiva.

La IMAGINACIÓN OBJETIVA es en sí misma esencialmente creadora, sin ella el inventor no hubiera podido concebir el teléfono, el radio, el avión, etc.

La IMAGINACIÓN de la MUJER en estado de preñez es fundamental para el desarrollo del feto. Está demostrado que toda madre puede con su IMAGINACIÓN alterar la psiquis del feto.

Es urgente que la mujer en estado de preñez contemple bellos cuadros, sublimes paisajes, y escuche música clásica y palabras armoniosas, así puede operar sobre la psiquis de la criatura que lleva en sus entrañas armoniosamente.

La mujer en estado de preñez no debe beber alcohol, ni fumar, ni contemplar lo feo, lo desagradable porque todo esto es perjudicial para el desarrollo armonioso de la criatura.

Hay que saber disculpar todos los caprichos y errores de la mujer preñada.

Muchos hombres intolerantes y faltos de comprensión verdadera, se enojan e injurian a la mujer en estado de preñez. Las amarguras de ésta, las aflicciones causadas por el marido falto de caridad, repercuten sobre el feto en estado de gestación, no sólo física sino psíquicamente.

Teniendo en cuenta el poder de la imaginación creadora, es lógico afirmar que la mujer en estado de preñez, no debe contemplar lo feo, lo desagradable, lo inarmónico, lo asqueante, etc.

Ha llegado la hora en que los gobiernos deben preocuparse por resolver los grandes problemas relacionados con la maternidad.

Resulta incongruente que en una sociedad que se precia de cristiana y democrática, no se sepa respetar y venerar el sentido religioso de la maternidad. Es monstruoso ver a millares de mujeres en estado de preñez sin amparo alguno, abandonadas del marido y de la sociedad, mendigando un pedazo de pan o un empleo y ejerciendo muchas veces trabajos materiales rudos, para poder sobrevivir con la criatura que llevan entre su vientre.

Estos estados infrahumanos de la sociedad actual, esta crueldad y falta de responsabilidad de los gobernantes y de los pueblos nos están indicando con toda claridad que todavía la democracia no existe.

Los hospitales con sus salas de maternidad todavía no han resuelto el problema, porque a dichos hospitales sólo pueden llegar las mujeres cuando ya se acerca el parto.

Se necesitan con urgencia hogares colectivos, verdaderas ciudades jardín dotadas de salones y residencias para las mujeres en estado de embarazo pobres de solemnidad, clínicas y kínder para los hijos de éstas.

Estos hogares colectivos son alojamiento para las mujeres pobres de solemnidad en estado de embarazo, llenos de toda clase de comodidades, flores, música, armonía, belleza, etc., solucionarían totalmente el gran problema de la maternidad.

Debemos comprender que la sociedad humana es una gran familia y que no existe problema ajeno porque todo problema en una u otra forma afecta dentro de su respectivo círculo a todos los miembros de la sociedad. Es absurdo discriminar a las mujeres preñadas por el hecho de ser pobres de solemnidad. Es criminoso subestimarlas, despreciarlas o arrinconarlas en un asilo de indigentes.

En esta sociedad en que vivimos no puede haber hijos y entenados, porque todos somos humanos y tenemos los mismos derechos.

Necesitamos crear la verdadera democracia, si es que de verdad no queremos ser devorados por el Comunismo.

CAPÍTULO XXIV

LA PERSONALIDAD HUMANA

Un hombre nació, vivió sesenta y cinco años y murió. ¿Pero dónde se encontraba antes de 1900 y dónde podrá estar después de 1965? La ciencia oficial nada sabe sobre todo esto. Esta es la formulación general de todas las cuestiones sobre la vida y la muerte.

Axiomáticamente podemos afirmar: "EL HOMBRE MUERE PORQUE SU TIEMPO TERMINA, NO EXISTE NINGÚN MAÑANA PARA LA PERSONALIDAD DEL MUERTO".

Cada día es una onda del tiempo, cada mes es otra onda del tiempo, cada año es también otra onda del tiempo y todas estas ondas encadenadas en su conjunto constituyen la GRAN ONDA DE LA VIDA.

El tiempo es redondo y la vida de la PERSONALIDAD HUMANA es una curva cerrada.

La vida de la PERSONALIDAD HUMANA se desarrolla en su tiempo, nace en su tiempo y muere en su tiempo, jamás puede existir más allá de su tiempo.

Esto del tiempo es un problema que ha sido estudiado por muchos sabios. Fuera de toda duda el tiempo es la CUARTA DIMENSIÓN.

La Geometría de EUCLIDES sólo es aplicable al mundo TRIDIMENSIONAL pero el mundo tiene siete dimensiones y la CUARTA es el TIEMPO.

La mente humana concibe la ETERNIDAD como la prolongación del tiempo en línea recta, nada puede estar más equivocado que este concepto porque la ETERNIDAD es la QUINTA DIMENSIÓN.

Cada momento de la existencia se sucede en el tiempo y se repite eternamente.

La muerte y la VIDA son dos extremos que se tocan. Una vida termina para el hombre que muere, pero empieza otra. Un tiempo termina y otro comienza, la muerte se halla íntimamente vinculada al ETERNO RETORNO.

Esto quiere decir que tenemos que retornar, regresar a este mundo después de muertos para repetir el mismo drama de la existencia, más si, la PERSONALIDAD humana perece con la muerte, ¿quién o qué es lo que retorna?

Es necesario aclarar de una vez y para siempre que el YO es el que continúa después de la muerte, que el YO es quien retorna, que el YO es quien regresa a este valle de lágrimas.

Es necesario que nuestros lectores no confundan la Ley del RETORNO con la Teoría de la REENCARNACIÓN enseñada por la TEOSOFÍA MODERNA.

La citada teoría de la REENCARNACIÓN tuvo su origen en el culto de KRISHNA que es una RELIGIÓN INDOSTANÍ de tipo Védico, desgraciadamente retocada y adulterada por los reformadores.

En el culto auténtico original de Krishna, sólo los Héroes, los Guías, aquellos que ya poseen INDIVIDUALIDAD SAGRADA, son los únicos que se reencarnan.

EL YO PLURALIZADO RETORNA, regresa más esto no es REENCARNACIÓN. Las masas, las multitudes RETORNAN, pero eso no es REENCARNACIÓN.

La idea del RETORNO de las cosas y los fenómenos, la idea de la repetición eterna no es muy antigua y podemos encontrarla en la SABIDURÍA PITAGÓRICA y en la antigua cosmogonía del INDOSTÁN.

El eterno retorno de los Días y Noches de BRAHMA, la repetición incesante de los KALPAS, etc., están invariablemente asociados en forma muy íntima a la Sabiduría Pitagórica y a la Ley de RECURRENCIA eterna o eterno RETORNO.

Gautama el BUDHA enseñó muy sabiamente la DOCTRINA del ETERNO RETORNO y la rueda de vidas sucesivas, pero su DOCTRINA fue muy adulterada por sus seguidores.

Todo RETORNO implica desde luego la fabricación de una nueva PERSONALIDAD HUMANA, ésta se forma durante los primeros siete años de la infancia.

El ambiente de familia, la vida de la calle y la Escuela, dan a la PERSONALIDAD HUMANA, su tinte original característico.

EL EJEMPLO de los mayores es definitivo para la personalidad infantil.

El niño aprende más con el ejemplo que con el precepto. La forma equivocada de vivir, el ejemplo absurdo, las costumbres degeneradas de los mayores, dan a la personalidad del niño ese tinte peculiar escéptico y perverso de la época en que vivimos.

En estos tiempos modernos el adulterio se ha vuelto más común que la papa y la cebolla y como es apenas lógico esto origina escenas dantescas dentro de los hogares.

Son muchos los niños que por estos tiempos tienen que soportar llenos de dolor y resentimientos, los látigos y palos del padrastro o de la madrastra. Es claro que en esa forma la PERSONALIDAD del niño se desarrolla dentro del marco del dolor, el rencor y el odio.

Existe un dicho vulgar que dice: "El hijo ajeno huele a feo en todas partes". Naturalmente en esto también hay excepciones, pero estas se pueden contar con los dedos de la mano y sobran dedos.

Los altercados entre el padre y la madre por cuestión de celos, el llanto y los lamentos de la madre afligida o del marido oprimido, arruinado y desesperado, dejan en la PERSONALIDAD del niño una marca indeleble de profundo dolor y melancolía que jamás se olvida durante toda la vida.

En las casas elegantes las orgullosas señoras maltratan a sus criadas cuando éstas se van al salón de belleza o se pintan la cara. El orgullo de las señoras se siente mortalmente herido.

El niño que ve todas estas escenas de infamia se siente lastimado en lo más hondo ya sea que se ponga de parte de su madre soberbia y orgullosa, o de parte de la infeliz criada vanidosa y humillada y el resultado suele ser catastrófico para la PERSONALIDAD INFANTIL.

Desde que se inventó la televisión se ha perdido la unidad de la familia. En otros tiempos el hombre llegaba de la calle y era recibido por su mujer con mucha alegría. Hoy en día ya la mujer no sale a recibir a su marido a la puerta porque está ocupada viendo televisión.

Dentro de los hogares modernos el padre, la madre, los hijos, las hijas, parecen autómatas inconscientes ante la pantalla de televisión.

Ahora el marido no puede comentar con una mujer absolutamente nada con los problemas del día, el trabajo, etc., etc. porque ésta parece sonámbula viendo la película de ayer, las escenas dantescas de Al Capone, el último baile de la nueva ola, etc. etc. etc.

Los niños levantados en este nuevo tipo de hogar ultramoderno sólo piensan en cañones, pistolas, ametralladoras de juguete para imitar y vivir a su modo todas las escenas dantescas del crimen tal como las han visto en la pantalla de televisión.

Es lástima que este invento maravilloso de la televisión sea utilizado con propósitos destructivos. Si la humanidad utilizara este invento en forma dignificante ya para estudiar las ciencias naturales, ya para enseñar el verdadero arte regio de la MADRE NATURA, ya para dar sublimes enseñanzas a las gentes, entonces este invento sería una bendición para la humanidad, podría utilizarse inteligentemente para cultivar la personalidad humana.

Esas todas luces absurdo nutrir la PERSONALIDAD INFANTIL con música arrítmica, inarmónica, vulgar. Es estúpido nutrir la PERSONALIDAD de los niños, con cuentos de ladrones y policías, escenas de vicio y prostitución, dramas de adulterio, pornografía, etc.

El resultado de semejante proceder lo podemos ver en los Rebeldes sin Causa, los asesinos prematuros, etc.

Es lamentable que las madres azoten a sus niños, les den de palos, les insulten con vocablos descompuestos y crueles. El resultado de semejante conducta es el resentimiento, el odio, la pérdida del amor, etc.

En la práctica hemos podido ver que los niños levantados entre palos, látigos y gritos, se convierten en personas vulgares llenas de patanerías y faltas de todo sentido de respeto y veneración.

Es urgente comprender la necesidad de establecer un verdadero equilibrio dentro de los hogares.

Es indispensable saber que la dulzura y la severidad deben equilibrarse mutuamente en los dos platillos de la balanza de la justicia.

EL PADRE representa la SEVERIDAD, La MADRE representa la DULZURA. El Padre personifica la SABIDURÍA. La MADRE simboliza el AMOR.

SABIDURÍA y AMOR, SEVERIDAD y DULZURA se equilibran mutuamente en los dos platillos de la balanza cósmica.

Los Padres y Madres de familia deben equilibrarse mutuamente para bien de los hogares.

Es urgente, es necesario, que todos los Padres y Madres de familia comprendan la necesidad de sembrar en la mente infantil los VALORES ETERNOS del ESPÍRITU.

Es lamentable que los niños modernos ya no posean el sentido de VENERACIÓN, esto se debe a los cuentos de vaqueros, ladrones y policías, la televisión, el cine, etc., han pervertido la mente de los niños.

La PSICOLOGÍA REVOLUCIONARIA del MOVIMIENTO GNÓSTICO, en forma clara y precisa hace una distinción de fondo entre el EGO y la ESENCIA.

Durante los tres o cuatro primeros años de vida, sólo se manifiesta en el niño la belleza de la ESENCIA, entonces el niño es tierno, dulce, hermoso en todos sus aspectos Psicológicos.

Cuando el EGO comienza a controlar la tierna personalidad del niño toda esa belleza de la ESENCIA va desapareciendo y en su lugar afloran entonces los defectos Psicológicos propios de todo ser humano.

Así como debemos hacer distinción entre EGO y ESENCIA, también es necesario distinguir entre PERSONALIDAD y ESENCIA.

El Ser humano nace con la ESENCIA más no nace con la PERSONALIDAD, esta última es necesario crearla.

PERSONALIDAD y ESENCIA deben desarrollarse en forma armoniosa y equilibrada.

En la práctica hemos podido verificar que cuando la PERSONALIDAD se desarrolla exageradamente a expensas de la ESENCIA, el resultado es el BRIBÓN.

La observación y la experiencia de muchos años nos han permitido comprender que cuando la ESENCIA se desarrolla totalmente sin atender en lo más mínimo el cultivo armonioso de la PERSONALIDAD, el resultado es el místico sin intelecto, sin personalidad, noble de corazón, pero inadaptado, incapaz.

El desarrollo ARMONIOSO de PERSONALIDAD y ESENCIA da por resultado hombres y mujeres geniales.

En la ESENCIA tenemos todo lo que es propio, en la PERSONALIDAD todo lo que es prestado.

En la ESENCIA tenemos nuestras cualidades innatas, en la PERSONALIDAD tenemos el ejemplo de nuestros mayores, lo que hemos aprendido en el Hogar, en la Escuela, en la Calle.

Es urgente que los niños reciban alimento para la ESENCIA y alimento para la PERSONALIDAD.

La ESENCIA se alimenta con ternura, cariño sin límites, amor, música, flores, belleza, armonía, etc.

La PERSONALIDAD debe alimentarse con el buen ejemplo de nuestros mayores, con la sabia enseñanza de la escuela, etc.

Es indispensable que los niños ingresen a primarias a la edad de siete años previo paso por el kínder.

Los niños deben aprender las primeras letras jugando, así el estudio se hace para ellos, atractivo, delicioso, feliz.

La EDUCACIÓN FUNDAMENTAL enseña que desde el mismo KINDER o jardín para niños, debe atenderse en forma especial cada uno de los tres aspectos de la PERSONALIDAD HUMANA, conocidos como pensamiento, sentimiento y acción, así la personalidad del niño se desarrolla en forma armoniosa y equilibrada.

La cuestión de la creación de la PERSONALIDAD del niño y su desarrollo, es de gravísima responsabilidad para PADRES DE FAMILIA y MAESTROS DE ESCUELA.

La calidad de la PERSONALIDAD HUMANA depende exclusivamente del tipo de material Psicológico con el cual fue creada y alimentada.

Alrededor de PERSONALIDAD, ESENCIA, EGO o YO, existe entre los estudiantes de PSICOLOGÍA mucha confusión.

Algunos confunden a la PERSONALIDAD con la ESENCIA y otros confunden al EGO o YO con la ESENCIA.

Son muchas las Escuelas Seudo-Esotéricas o Seudo-Ocultistas que tienen como meta de sus estudios la VIDA IMPERSONAL.

Es necesario aclarar que no es la PERSONALIDAD lo que tenemos que disolver.

Es urgente saber que necesitamos desintegrar el EGO, el MÍ MISMO, el YO, reducirlo a polvareda cósmica.

La PERSONALIDAD es tan sólo un vehículo de acción, un vehículo que fue necesario crear, fabricar.

En el mundo existen CALÍGULAS, ATILAS, HITLERES, etc. Todo tipo de personalidad por perversa que ella haya sido, puede transformarse radicalmente cuando el EGO o YO se disuelva totalmente.

Esto de la Disolución del EGO o YO confunde y molesta a muchos Seudo-Esoteristas. Estos están convencidos de que el EGO es DIVINO, ellos creen que el EGO o YO es el mismo SER, la MONADA DIVINA, etc.

Es necesario, es urgente, es inaplazable comprender que el EGO o YO nada tiene de DIVINO.

EL EGO o YO es el SATÁN de la BIBLIA, manojo de recuerdos, deseos, pasiones, odios, resentimientos, concupiscencias, adulterios, herencia de familia, razas, nación, etc. etc. etc.

Muchos afirman en forma estúpida que en nosotros existe un YO SUPERIOR o DIVINO y UN YO INFERIOR.

SUPERIOR e INFERIOR son siempre dos secciones de una misma cosa. YO SUPERIOR, YO INFERIOR, son dos secciones del mismo EGO.

EL SER DIVINAL, la MONADA, el ÍNTIMO, nada tiene que ver con ninguna forma del YO. EL SER es el SER y eso es todo. La Razón de SER es el mismo SER.

La PERSONALIDAD en sí misma sólo es un vehículo y nada más. A través de la personalidad puede manifestarse el EGO o el SER, todo depende de nosotros mismos.

ES URGENTE disolver el YO, el EGO, para que sólo se manifieste a través de nuestra PERSONALIDAD, la ESENCIA PSICOLÓGICA de nuestro VERDADERO SER.

Es indispensable que los EDUCADORES comprendan plenamente la necesidad de cultivar armoniosamente los tres aspectos de la PERSONALIDAD HUMANA.

Un perfecto equilibrio entre personalidad y ESENCIA, un desarrollo armonioso del PENSAMIENTO, EMOCIÓN y MOVIMIENTO, una ÉTICA REVOLUCIONARIA, constituyen los basamentos de la EDUCACIÓN FUNDAMENTAL.

CAPÍTULO XXV

LA ADOLESCENCIA

Ha llegado el momento de abandonar en forma definitiva el falso pudor y los prejuicios relacionados con el problema sexual.

Es necesario comprender en forma clara y precisa el problema sexual de los adolescentes de ambos sexos.

A los catorce años de edad aparece en el organismo del adolescente la energía sexual que fluye entonces avasalladoramente por el sistema neuro-simpático.

Este tipo especial de energía transforma el organismo humano, modificando la voz en el varón y originando la función ovárica en la mujer.

El organismo humano es una auténtica fábrica que transforma elementos groseros en finas substancias vitales.

Los alimentos que llevamos al estómago pasan múltiples trasformaciones y refinamientos hasta culminar definitivamente en esa sustancia semisólida, semilíquida mencionada por Paracelso con el terminó de Ens-Seminis (Entidad del Semen).

Ese vidrio líquido, flexible, maleable, ese esperma, contiene en sí mismo, en forma potencial todos los gérmenes de la vida.

El Gnosticismo reconoce en el esperma el CAOS de donde surge con vehemencia la vida.

Los viejos Alquimistas medioevales tales como Paracelso, Sendivogius, Nicolás Flamel, Raimundo Lulio, etc., estudiaron con profunda veneración el ENS-SEMINIS o mercurio de la filosofía secreta.

Este VITRIOLO, es un verdadero elixir elaborado inteligentemente por la naturaleza dentro de las vesículas seminales.

En este mercurio de la antigua sabiduría, en este semen, se encuentran realmente todas las posibilidades de la existencia.

Es lamentable que muchos jóvenes por falta de verdadera orientación psicológica se entreguen al vicio de la masturbación o se desvíen lamentablemente por el sendero infra sexual del homosexualismo.

A los niños y a los jóvenes se les da información intelectual sobre muchos temas y se les encarrila por la vía del deportismo cuyo abuso acorta la vida miserablemente, pero desgraciadamente al aparecer la energía sexual con la cual se inicia la adolescencia, tanto padres de familia como maestros de escuela, basados en un falso puritanismo y en una moral estúpida, resuelven callar criminosamente.

Hay silencios delictuosos y existen palabras infames. Callar sobre el problema sexual es un delito. Hablar equivocadamente sobre el problema sexual constituye también otro delito.

Si los padres y maestros callan, los pervertidos sexuales hablan y las víctimas vienen a ser los adolescentes inexpertos.

Si el adolescente no puede consultar a padres ni a maestros, consultará entonces a sus compañeros de escuela posiblemente ya desviados por el camino equivocado. El resultado no se deja esperar por mucho tiempo y el nuevo adolescente siguiendo falsos consejos se entregará al vicio de la masturbación o se desviará por el camino del homosexualismo.

El vicio de la masturbación arruina totalmente la potencia cerebral. Es necesario saber que existe una íntima relación entre el semen y el cerebro. Es necesario cerebrizar el semen. Es necesario feminizar el cerebro.

El cerebro se seminiza transmutando la energía sexual, sublimizándola, convirtiéndola en potencia cerebral.

En esta forma queda el semen cerebrizado y el cerebro seminizado.

La ciencia Gnóstica estudia a fondo la endocrinología y enseña métodos y sistemas para transmutar las energías sexuales, pero este es asunto que no encaja dentro de este libro.

Si el lector quiere información sobre Gnosticismo debe estudiar nuestros libros Gnósticos e ingresar a nuestros estudios.

Los adolescentes deben sublimar las energías sexuales cultivando el sentido estético, aprendiendo la música, la escultura, la pintura, realizando excursiones a las altas montañas, etc.

¡Cuántos rostros que hubieran podido ser bellos se marchitan!

¡Cuántos cerebros se degeneran! Todo por falta de un grito de alerta en el momento oportuno.

El vicio de la masturbación, tanto en jóvenes como en señoritas se ha vuelto más común que el lavarse las manos.

Los manicomios están llenos de hombres y mujeres que arruinaron su cerebro en el asqueante vicio de la masturbación. El destino de los masturbadores es el manicomio.

El vicio del homosexualismo tiene podridas las raíces de esta raza caduca y perversa.

Parece increíble que en países como Inglaterra que presumen de cultos y súper-civilizados, existan libremente los cines donde se exhiben películas de tipo homosexual.

Parece increíble que sea precisamente en Inglaterra donde ya se hacen esfuerzos por legalizar oficialmente matrimonios de tipo homosexual.

En las grandes metrópolis del mundo existen actualmente prostíbulos y clubes de tipo homosexual.

La cofradía tenebrosa de los enemigos de la mujer, hoy en día tiene organizaciones pervertidas que asombran por su fraternidad degenerada.

A muchos lectores podrá sorprenderlos demasiado esto de la "fraternidad degenerada" pero no debemos olvidar que en todos los tiempos de la historia han existido siempre diversas hermandades del delito.

La cofradía morbosa de los enemigos de la mujer, es fuera de toda duda una hermandad del delito.

Los enemigos de la mujer ocupan siempre o casi siempre los puestos claves dentro de la colmena burocrática.

Cuando un homosexual va a la cárcel, bien pronto queda libre debido a la influencia oportuna de los hombres claves de la cofradía del delito.

Si un afeminado cae en desgracia, bien pronto recibe auxilios económicos de todos los siniestros personajes de la Cofradía del delito.

Los miembros tenebrosos del homosexualismo se reconocen entre sí por el uniforme que ostentan.

Asombra saber que los maricones usan uniforme, pero así es. El uniforme de los homosexuales corresponde a toda moda que se inicia. Los maricones inician toda nueva moda. Cuando una moda se vuelve común, entonces ellos inician otra. En esta forma el uniforme de la cofradía del delito es siempre nuevo.

Todas las grandes ciudades del mundo, hoy en día tienen millones de homosexuales.

El vicio del homosexualismo inicia su marcha vergonzosa durante la adolescencia.

Muchas escuelas de adolescentes varones y señoritas son verdaderos prostíbulos de tipo homosexual.

Millones de señoritas adolescentes marchan resueltamente por el tenebroso camino de los enemigos del hombre.

Millones de adolescentes de sexo femenino son homosexuales. La cofradía del delito entre el homosexualismo femenino es tan fuerte, como la cofradía del delito entre el sexo masculino.

Es urgente abandonar radicalmente y en forma definitiva el falso pudor y señalar a los adolescentes de ambos sexos francamente todos los misterios sexuales. Sólo así podrán encaminarse las nuevas generaciones por la senda de la REGENERACIÓN.

CAPÍTULO XXVI

LA JUVENTUD

La juventud se divide en dos períodos de a siete años cada uno. El primer período comienza a los 21 años de edad y concluye a los 28. El segundo período se inicia a los 28 y termina a los 35.

Los basamentos de la juventud se encuentran en el hogar, la escuela y la calle.

La juventud levantada sobre la base de la EDUCACIÓN FUNDAMENTAL resulta de hecho EDIFICANTE y esencialmente DIGNIFICANTE.

La juventud levantada sobre cimientos falsos es por consecuencia lógica un camino equivocado.

La mayoría de los hombres emplean la primera parte de la vida en hacer miserable el resto de ella.

Los jóvenes por un concepto equivocado de falsa hombría, suelen caer en brazos de las prostitutas.

Los excesos de la juventud son letras giradas contra la vejez pagaderas con intereses bien caros a treinta años fecha.

Sin EDUCACIÓN FUNDAMENTAL la juventud resulta una embriaguez perpetua: es la fiebre de error, el licor y la pasión animal.

Todo lo que el hombre ha de ser en su vida se encuentra en estado potencial durante los primeros treinta años de existencia.

De todas las grandes acciones humanas de que tengamos conocimiento, tanto en épocas anteriores como en la nuestra, la mayor parte de ellas han sido iniciadas antes de los treinta años.

El hombre que ha llegado a los treinta años se siente a veces como si saliera de una gran batalla en que ha visto caer a multitud de compañeros uno tras otro.

A los treinta años los hombres y las mujeres han perdido ya toda su vivacidad y su entusiasmo y si fracasan en sus primeras empresas, se llenan de pesimismo y abandonan la partida.

Las ilusiones de la madurez suceden a las ilusiones de la juventud. Sin Educación Fundamental la herencia de la vejez suele ser la desesperación.

La Juventud es fugaz. La belleza es el esplendor de la juventud, pero es ilusoria, no dura.

La Juventud tiene el Genio vivo y el Juicio débil. Raros en la vida son los jóvenes de Juicio fuerte y Genio vivo.

Sin EDUCACIÓN FUNDAMENTAL los jóvenes resultan pasionales, borrachos, bribones, mordaces, concupiscentes, lujuriosos, glotones, codiciosos, envidiosos, celosos, matones, ladrones, orgullosos, perezosos, etc.

La Mocedad es un Sol de verano que pronto se oculta. A los jóvenes les encanta malgastar los valores vitales de la mocedad.

Los Viejos cometen el error de explotar a los jóvenes y conducirlos a la guerra.

La gente joven puede transformarse y transformar el Mundo si se orienta por la senda de la EDUCACIÓN FUNDAMENTAL.

En la juventud estamos llenos de ilusiones que sólo nos conducen al desencanto.

El YO aprovecha el fuego de la juventud para robustecer y hacerse poderoso.

El Yo quiere satisfacciones pasionales a cualquier precio, aun cuando la vejez sea totalmente desastrosa.

A la gente joven sólo le interesa entregarse en brazos de la fornicación, el vino, y los placeres de toda especie.

No quieren darse cuenta los jóvenes de que ser esclavos del placer es propio de meretrices, pero no de los hombres verdaderos.

Ningún placer dura lo suficiente. La sed de placeres es la dolencia que más despreciables hace a los ANIMALES INTELECTUALES. El gran poeta de habla española Jorge Manrique, dijo: "Cuan presto se va el placer, cómo después de acordado, da dolor, cómo a nuestro parecer cualquier tiempo pasado fue mejor".

Aristóteles, hablando sobre el placer dijo: "Cuando se trata de juzgar el placer los hombres no somos jueces imparciales".

EL ANIMAL INTELECTUAL goza justificando el placer. Federico el Grande no tuvo inconveniente en afirmar enfáticamente: "EL PLACER ES EL BIEN MÁS REAL DE ESTA VIDA".

El dolor más intolerable es el producido por la prolongación del placer más intenso.

Los jóvenes calaveras abundan como la mala hierba. El YO calavera siempre justifica el placer.

La calavera CRÓNICO aborrece el Matrimonio o prefiere aplazarlo. Grave cosa es aplazar el Matrimonio con el pretexto de gozar de todos los placeres de la tierra.

Absurdo es acabar con la vitalidad de la juventud y luego casarse, las víctimas de semejante estupidez son los hijos.

Muchos hombres se casan porque están cansados, muchas mujeres se casan por curiosidad y el resultado de semejantes absurdos es siempre la decepción.

Todo hombre sabio ama de verdad y con todo el corazón a la mujer que ha elegido.

Debemos siempre casarnos en la juventud si es que de verdad no queremos tener una vejez miserable.

Para todo hay tiempo en la vida. Que un joven se case es lo normal, pero que un anciano se case es la estupidez.

Los jóvenes deben casarse y saber formar su hogar. No debemos olvidar que el monstruo de los celos destruye los hogares.

Salomón dijo: "Los celos son crueles como la tumba; sus brasas son brasas de fuego".

La raza de los ANIMALES INTELECTUALES es celosa como los perros. Los celos son totalmente ANIMALES.

El hombre que cela a una mujer no sabe con quién cuenta. Mejor es no celarla para saber qué clase de mujer tenemos.

El venenoso griterío de una mujer celosa resulta más mortífero que los colmillos de un perro rabioso.

Es falso decir que donde hay celos hay amor. Los celos jamás nacen del amor, el amor y los celos son incompatibles. El origen de los celos se encuentra en el temor.

El YO justifica los celos con razones de muchas especies. El YO teme perder el ser amado.

Quien quiera de Verdad disolver el YO debe siempre estar dispuesto a perder lo más amado.

En la práctica hemos podido evidenciar después de muchos años de observación, que todo solterón libertino se convierte en marido celoso.

Todo hombre ha sido terriblemente fornicario.

El hombre y la mujer deben estar unidos en forma voluntaria y por amor, más no por temor y celos.

Ante la GRAN LEY el hombre debe responder por su conducta y la mujer por la suya. El marido no puede responder por la conducta de la mujer ni la mujer puede responder por la conducta de su marido. Responda cada cual por su propia conducta y disuélvanse los celos.

El problema básico de la juventud es él Matrimonio.

La joven coquetona con varios novios se queda solterona porque tanto unos como otros se desilusionan de ella.

Es necesario que las jóvenes sepan conservar su novio si es que de verdad quieren casarse.

Es necesario no confundir el AMOR con la PASIÓN. Los jóvenes enamorados y las muchachas, no saben distinguir entre el amor y la pasión.

Es urgente saber que la PASIÓN es un veneno que engaña a la mente y al corazón.

Todo hombre apasionado y toda mujer apasionada podrían hasta jurar con lágrimas de sangre que están verdaderamente enamorados.

Después de satisfecha la pasión animal, el castillo de naipes se va al suelo.

El fracaso de tantos y tantos matrimonios se debe a que se casaron por pasión animal, más no por AMOR.

El paso más grave que damos durante la juventud es el Matrimonio y en las Escuelas, Colegios y Universidades se debería preparar a los jóvenes y a las señoritas para este importante paso.

Es lamentable que muchos jóvenes y señoritas se casen por interés económico o meras conveniencias sociales.

Cuando el Matrimonio se realiza por pasión animal o por conveniencias sociales o interés económico, el resultado es el fracaso.

Son muchas las parejas que fracasan en el matrimonio por incompatibilidad de caracteres.

La mujer que se casa con un joven celoso, iracundo, furioso, se convertirá en la víctima de un verdugo.

El joven que se casa con una mujer celosa, furiosa, iracunda, es claro que tendrá que pasar su vida en un infierno.

Para que haya verdadero amor entre dos seres, es urgente que no exista pasión animal, es indispensable disolver el YO de los celos, es necesario desintegrar la ira, es básico un desinterés a toda prueba.

EL YO daña los hogares, el MÍ MISMO destruye la armonía. Si los jóvenes y las señoritas estudian nuestra EDUCACIÓN FUNDAMENTAL y se proponen disolver el YO, es claro a todas luces que podrán hallar la senda del MATRIMONIO PERFECTO.

Sólo disolviendo el EGO podrá haber verdadera felicidad en los hogares. A los jóvenes y señoritas que quieran ser felices en el matrimonio les recetamos estudiar a fondo nuestra EDUCACIÓN FUNDAMENTAL y disolver el YO.

Muchos Padres de familia celan a las hijas espantosamente y no quieren que éstas tengan novio. Semejante proceder es absurdo ciento por ciento porque las muchachas necesitan tener novio y casarse.

El resultado de semejante falta de comprensión son los novios a escondidas, en la calle, con el peligro siempre de caer en manos del galán seductor.

Las jóvenes deben tener siempre libertad para tener su novio, más debido a que todavía no han disuelto el YO, es conveniente no dejarlas a solas con el novio.

Los jóvenes y las señoritas deben tener libertad para hacer sus fiestas en casa. Las sanas distracciones no perjudican a nadie y la Juventud necesita tener distracciones.

Lo que perjudica a la juventud es el licor, el cigarrillo, la fornicación, las orgías, el libertinaje, las cantinas, los cabarets, etc.

Las fiestas de familia, los bailes decentes, la buena música, los paseos al campo, etc., no pueden perjudicar a nadie.

La mente daña el amor. Muchos jóvenes han perdido la oportunidad de contraer matrimonio con magníficas mujeres debido a sus temores económicos, a los recuerdos del ayer, a las preocupaciones por el mañana.

El miedo a la vida, al hambre, a la miseria, y los vanos proyectos de la mente, se convierten en la causa fundamental de todo aplazamiento nupcial.

Muchos son los jóvenes que se proponen no contraer nupcias hasta tanto no posean determinada cantidad de dinero, casa propia, coche último modelo y mil tonterías más como si todo eso fuese la felicidad.

Es lamentable que esa clase de varones pierdan bellas oportunidades matrimoniales por causa del miedo a la vida, a la muerte, al qué dirán, etc.

Semejante clase de hombres se quedan solterones para toda su vida o se casan ya demasiado tarde, cuando ya no les queda tiempo para levantar una familia y educar a sus hijos.

Realmente todo lo que necesita un varón para sostener su mujer y sus hijos es tener una profesión o un oficio humilde, eso es todo.

Muchas jóvenes se quedan solteronas por estar escogiendo marido. Las mujeres calculadoras, interesadas, egoístas, se quedan solteronas o fracasan rotundamente en el matrimonio.

Es necesario que las muchachas comprendan que todo hombre se desilusiona de la mujer interesada, calculadora y egoísta.

Algunas mujeres jóvenes deseosas de pescar marido se pintan la cara en forma exagerada, se depilan las cejas, se encrespan el cabello, se ponen pelucas y ojeras postizas, estas mujeres no comprenden la Psicología varonil.

El varón por naturaleza aborrece a las muñecas pintadas y admira la belleza totalmente natural y la sonrisa ingenua.

El hombre quiere ver en la mujer la sinceridad, la simplicidad, el amor verdadero y desinteresado, la ingenuidad de la naturaleza.

Las señoritas que quieran casarse necesitan comprender a fondo la Psicología del sexo masculino.

El AMOR es el SUMUM de la sabiduría. El amor se alimenta con amor. El fuego de la eterna juventud es amor.

CAPÍTULO XXVII

LA EDAD MADURA

La edad madura comienza a los treinta y cinco años y termina a los cincuenta y seis años.

El hombre de edad madura debe saber gobernar su casa y orientar sus hijos.

En la vida normal todo hombre de edad madura es jefe de familia. El hombre que no ha formado su hogar y su fortuna durante la juventud y edad madura ya no lo forma, es de hecho un fracasado.

Aquellos que intentan formar hogar y fortuna durante la vejez son verdaderamente dignos de piedad.

El YO de la codicia se va a los extremos y quiere acumular ricas fortunas. El ser humano necesita pan, abrigo y refugio. Es necesario tener pan, una casa propia, vestidos, trajes, abrigos para cubrir al cuerpo, pero no necesita acumular enormes sumas de dinero para poder vivir.

Nosotros no defendemos la riqueza ni la miseria, ambos extremos son condenables.

Muchos son los que se revuelcan entre el lodo de la miseria y también son bastantes los que se revuelcan entre el lodo de la riqueza.

Es necesario poseer una modesta fortuna, es decir, una casa hermosa con bellos jardines, una fuente segura de ingresos, estar siempre bien presentado y no pasar hambres. Esto es lo normal para todo ser humano.

La miseria, el hambre, las enfermedades y la ignorancia no deben jamás existir en ningún país que se precie de culto y civilizado.

Todavía la democracia no existe, pero necesitamos crearla. Mientras exista un sólo ciudadano sin pan, abrigo y refugio, la democracia prácticamente no pasa de ser un bello ideal.

Los jefes de familia deben ser comprensivos, inteligentes, jamás bebedores de vino, glotones, borrachos, tiranos, etc.

Todo hombre maduro sabe por experiencia propia que los hijos imitan su ejemplo y que si éste último es equivocado marcara derroteros absurdos a sus descendientes.

Es verdaderamente estúpido que el hombre maduro tenga varias mujeres y viva en borracheras, banqueteo, orgías, etc.

Sobre el hombre maduro pesa la responsabilidad de toda la familia y es claro que, si anda por caminos equivocados, traerá más desórdenes al mundo, más confusión, más amargura.

El padre y la madre deben comprender la diferencia entre los sexos. Es absurdo que las hijas estudien física, química, álgebra, etc. El cerebro de la mujer es diferente al del varón, tales materias están muy de acuerdo con el sexo masculino, pero son inútiles y hasta dañosas para la mente femenina.

Es necesario que los padres y madres de familia luchen de todo corazón por promover un cambio vital en todo plan de estudios escolares.

La mujer debe aprender a leer, escribir, tocar el piano, tejer, bordar y en general toda clase de oficios femeninos.

A la mujer debe preparársele desde los mismos bancos de la escuela para la sublime misión que le corresponde como MADRE y como esposa.

Es absurdo dañar el cerebro de las mujeres con complicados y difíciles estudios propios para el sexo masculino.

Es necesario que tanto los padres de familia como los maestros de escuela, colegios y universidades se preocupen más por traer a la mujer a la feminidad que le corresponde. Es estúpido militarizar a las mujeres, obligarlas a marchar con banderas y tambores por las calles de las ciudades como si fuesen machos.

La mujer debe ser bien femenina y el hombre debe ser bien masculino.

El sexo intermedio, el homosexualismo, es el producto de la degeneración y de la barbarie.

Las señoritas que se dedican a largos y difíciles estudios se vuelven viejas y nadie se casa con ellas.

En la vida moderna es conveniente que las mujeres hagan carreras cortas, cultura de belleza, mecanografía, taquigrafía, costura, pedagogía, etc., etc., etc.

Normalmente la mujer debe únicamente estar dedicada a la vida de hogar, más debido a la crueldad de esta época en que vivimos, la mujer necesita trabajar para comer y vivir.

En una sociedad verdaderamente culta y civilizada la mujer no necesita trabajar fuera de la casa para poder vivir. Esto de trabajar fuera de casa es crueldad de la peor especie.

El hombre actual degenerado ha creado un falso orden de cosas, y ha hecho perder a la mujer su feminidad, le ha sacado de su casa y la ha convertido en esclava.

La mujer convertida en "marimacho" con intelecto de hombre, fumando cigarrillos y leyendo periódico, semidesnuda con las faldas arriba de las rodillas o jugando a la canastilla, es el resultado de los hombres degenerados de esta época, la lacra social de una civilización que agoniza.

La mujer convertida en espía moderna, la doctora drogadicta, la mujer campeona del deporte, alcohólica, desnaturalizada que niega el pecho a sus hijos por no perder su belleza, es el síntoma execrable de una civilización falsa.

Ha llegado la hora de organizar el ejército de salvación mundial con hombres y mujeres de buena voluntad que estén de verdad dispuestos a luchar contra ese falso orden de cosas.

Ha llegado la hora de establecer en el mundo una nueva civilización, una nueva cultura.

La mujer es la piedra fundamental del hogar y si esta piedra está mal labrada, llena de aristas y deformaciones de toda especie, el resultado de la vida social será la catástrofe.

El varón es distinto, diferente y por ello puede darse el lujo de estudiar medicina, física, química, matemáticas, derecho, ingeniería, astronomía, etc., etc., etc.

Un colegio militarizado de varones no es absurdo, pero un colegio militarizado de mujeres además de ser absurdo, resulta espantosamente ridículo.

Es asqueante ver a las futuras esposas, las futuras madres que han de llevar el niño entre su pecho, marchando como hombres por las calzadas de la ciudad.

Esto no solamente indica pérdida de la feminidad en el sexo sino, además, pone el dedo en la llaga señalando la pérdida de la masculinidad en el hombre.

El hombre de verdad, el hombre bien macho, no puede aceptar jamás un desfile militarizado de mujeres. El escrúpulo masculino, la idiosincrasia psicológica del varón, el pensamiento del hombre, siente verdadero asco por esta clase de espectáculos que demuestran hasta la saciedad la degeneración humana.

Necesitamos que la mujer regrese a su hogar, a su feminidad, a su belleza natural, a su ingenuidad primitiva, y a su verdadera simplicidad. Necesitamos acabar con todo este orden de cosas y establecer sobre la faz de la tierra una nueva civilización y una nueva cultura.

Los padres de familia y los educadores deben saber levantar a las nuevas generaciones con verdadera sabiduría y amor.

Los hijos varones no solamente deben recibir información intelectual y aprender un oficio o recibir el título profesional. Es necesario que los varones conozcan el sentido de la responsabilidad y se encaminen por la senda de la rectitud y del amor consciente.

Sobre los hombros del hombre maduro pesa la responsabilidad de una esposa, de unos hijos y de unas hijas.

El hombre maduro con alto sentido de responsabilidad, casto, sobrio, templado, virtuoso, etc., es respetado por su familia y por todos los ciudadanos.

El hombre maduro que escandaliza a las gentes con sus adulterios, fornicaciones, disgustos, injusticias de todo tipo, se vuelve repugnante para todas las personas y no sólo se causa dolor a sí mismo, sino que también amarga a sus familiares y trae dolor y confusión a todo el mundo.

Es necesario que el hombre maduro sepa vivir su época correctamente. Es urgente que el hombre maduro comprenda que la juventud ya pasó.

Es ridículo querer repetir en la madurez los mismos dramas y escenas de la juventud.

Cada época de la vida tiene su belleza, y hay que saber vivirla.

El hombre maduro debe trabajar con suma intensidad antes de que llegue la vejez, así como la hormiga actúa en forma previsiva llevando hojas para su hormiguero antes de que llegue el crudo invierno, así también debe actuar con rapidez y previsión el hombre maduro.

Muchos hombres jóvenes gastan miserablemente todos sus valores vitales, y cuando llegan a la edad madura se encuentran feos, horribles, miserables, fracasados.

Es verdaderamente ridículo ver a muchos hombres maduros repitiendo las calaveradas de la juventud sin darse cuenta de que ahora están horribles y que la juventud ya se fue.

Una de las calamidades más grandes de esta civilización que agoniza es el vicio del alcohol.

En la juventud muchos se entregan a la bebida y cuando llega la edad madura no han formado un hogar, no han formado una fortuna, no tienen una profesión lucrativa, viven de cantina en cantina mendigando licor, espantosamente horribles, asqueantes, miserables.

Los jefes de familia y los educadores deben poner especial atención en los jóvenes orientándoles rectamente con el sano propósito de hacer un mundo mejor.

CAPÍTULO XXVIII

LA VEJEZ

Los primeros cuarenta años de vida nos dan el libro, los treinta siguientes el comentario.

A los veinte años un hombre es un pavo real; a los treinta, un león; a los cuarenta, un camello; a los cincuenta, una serpiente; a los sesenta, un perro; a los setenta, un mono, y a los ochenta, solamente una voz y una sombra.

El tiempo revela todas las cosas: es un charlatán muy interesante que habla por sí mismo aun cuando no se le esté preguntando nada.

No hay nada hecho por la mano del pobre ANIMAL INTELECTUAL, falsamente llamado hombre, que tarde o temprano el tiempo no destruya.

"FUGIT IRREPARABILE TEMPUS", el tiempo que huye no puede ser reparado.

El tiempo saca a la luz pública todo lo que ahora está oculto y encubre y esconde todo lo que en este momento brilla con esplendor.

La vejez es como el amor, no puede ser ocultada aun cuando se disfrace con los ropajes de la juventud.

La vejez abate el orgullo de los hombres y los humilla, pero una cosa es ser humilde y otra caer humillado.

Cuando la muerte se aproxima, los viejos decepcionados de la vida encuentran que la vejez no es ya una carga.

Todos los hombres abrigan la esperanza de vivir larga vida y llegar a ser viejos y sin embargo la vejez los asusta.

La vejez comienza a los cincuenta y seis años y se procesa luego en períodos septenarios que nos conducen hasta la decrepitud y la muerte.

La tragedia más grande de los viejos estriba, no en el hecho mismo de ser viejos, sino en la tontería de no querer reconocer que lo son y en la estupidez de creerse jóvenes como si la vejez fuera un delito.

Lo mejor que tiene la vejez, es que se encuentra uno muy cerca de la meta.

El YO PSICOLÓGICO, el MÍ MISMO, el EGO, no mejora con los años y la experiencia; se complica, se vuelve más difícil, más trabajoso, por ello dice el dicho vulgar: "GENIO Y FIGURA HASTA LA SEPULTURA".

El YO PSICOLÓGICO de los viejos difíciles se auto consuela dando bellos consejos debido a su incapacidad para dar feos ejemplos.

Los viejos saben muy bien que la vejez es un tirano muy terrible que les prohíbe bajo pena de muerte, gozar de los placeres de la loca juventud y prefieren consolarse a sí mismos dando bellos consejos.

El YO oculta a él YO, el YO esconde una parte de sí mismo y todo se rotula con frases sublimes y bellos consejos.

UNA parte de MÍ MISMO esconde a otra parte de MÍ MISMO. El YO oculta lo que no le conviene.

Está completamente demostrado por la observación y la experiencia que cuando los vicios nos abandonan nos agrada pensar que nosotros fuimos los que los abandonamos.

El corazón del ANIMAL INTELECTUAL no se vuelve mejor con los años, sino peor, siempre se torna de piedra y si en la juventud fuimos codiciosos, embusteros, iracundos, en la vejez lo seremos mucho más.

Los viejos viven en el pasado, los viejos son el resultado de muchos ayeres, los ancianos ignoran totalmente el momento en que vivimos, los viejos son memoria acumulada.

La única forma de llegar a la ancianidad perfecta es disolviendo el YO PSICOLÓGICO. Cuando aprendemos a morir de momento en momento, llegamos a la sublime ancianidad.

La vejez tiene un gran sentido de sosiego y libertad para aquellos que ya disolvieron el YO.

Cuando las pasiones han muerto en forma radical, total y definitiva, queda uno libre no de un amo, sino de muchos amos.

Es muy difícil encontrar en la vida ancianos inocentes que ya no posean ni siquiera los residuos del YO, esa clase de ancianos son infinitamente felices y viven de instante en instante.

El hombre encanecido en la SABIDURÍA. El anciano en el saber, el señor del amor, se convierte de hecho en el faro de luz que guía sabiamente la corriente de los innumerables siglos.

En el mundo han existido y existen actualmente algunos ANCIANOS MAESTROS que no tienen siquiera los últimos residuos del YO. Estos ARHAT GNÓSTICOS son tan exóticos y divinos como la flor de loto.

EL VENERABLE ANCIANO MAESTRO que ha disuelto el YO PLURALIZADO en forma radical y definitiva es la perfecta expresión de la PERFECTA SABIDURÍA, del AMOR DIVINO Y DEL SUBLIME PODER.

EL ANCIANO MAESTRO que ya no tiene el YO, es de hecho la plena manifestación del SER DIVINAL.

Esos ANCIANOS SUBLIMES, esos ARHAT GNÓSTICOS han iluminado el mundo desde los antiguos tiempos, recordemos al BUDHA, MOISÉS, HERMES, RAMAKRISHNA, DANIEL, EL SANTO LAMA, etc., etc., etc.

Los maestros de escuelas, colegios y universidades, las maestras, los padres de familia, deben enseñar a las nuevas generaciones a respetar y venerar a los ancianos.

AQUELLO que no tiene nombre, ESO que es DIVINAL, ESO que es lo REAL, tiene tres aspectos: SABIDURÍA, AMOR, VERBO.

LO DIVINAL como PADRE es la SABIDURÍA CÓSMICA, COMO MADRE es el AMOR INFINITO, como hijo es el VERBO.

En el Padre de familia se halla el símbolo de la sabiduría. En la Madre de hogar se halla el AMOR, los hijos simbolizan la palabra.

El anciano Padre merece todo el apoyo de los hijos. El Padre ya viejo no puede trabajar y es justo que los hijos lo mantengan y respeten.

La Madre Adorable ya anciana no puede trabajar y por lo tanto es necesario que los hijos e hijas vean por ella y la amen y hagan de ese amor una religión.

Quien no sabe amar a su Padre, quien no sabe ADORAR a su MADRE, marcha por el camino de la mano izquierda, por el camino del error.

Los hijos no tienen derecho para juzgar a sus Padres, nadie es perfecto en este mundo y los que no tenemos determinados defectos en una dirección, los tenemos en otra, todos estamos cortados por las mismas tijeras.

Algunos subestiman el AMOR PATERNO, otros hasta se ríen del AMOR PATERNO. Quienes así se comportan en la vida ni siquiera han entrado por el camino que conduce a ESO que no tiene nombre.

El hijo ingrato que aborrece a su Padre y olvida a su Madre es realmente el verdadero perverso que aborrece todo lo que es DIVINAL.

LA REVOLUCIÓN DE LA CONCIENCIA no significa INGRATITUD, olvidar al padre, subestimar la Madre adorable. LA REVOLUCIÓN DE LA CONCIENCIA es SABIDURÍA AMOR y PERFECTO PODER.

En el Padre se halla el símbolo de la sabiduría y en la Madre se encuentra la fuente viva del AMOR sin cuya esencia purísima es realmente imposible lograr las más altas REALIZACIONES ÍNTIMAS.

CAPÍTULO XXIX

LA MUERTE

Es urgente comprender a fondo y en todos los terrenos de la mente, lo que realmente es la MUERTE en sí misma, sólo así es posible, de verdad entender en forma íntegra lo que es la inmortalidad.

Ver el cuerpo humano de un ser querido metido entre el ataúd, no significa haber comprendido el misterio de la muerte.

La Verdad es lo desconocido de momento en momento. La Verdad sobre la muerte no puede ser una excepción.

El YO quiere siempre, como es apenas natural, un seguro de muerte, una garantía suplementaria, alguna autoridad que se encargue de asegurarnos una buena posición y cualquier tipo de inmortalidad más allá del sepulcro aterrador.

El MÍ MISMO no tiene muchas ganas de morir. EL YO quiere continuar. EL YO le tiene mucho miedo a la muerte.

La VERDAD no es cuestión de creer ni de dudar. La verdad nada tiene que ver con la credulidad, ni con el escepticismo. La verdad no es cuestión de ideas, teorías, opiniones, conceptos, preconceptos, supuestos, prejuicios, afirmaciones, negociaciones, etc. La verdad sobre el misterio de la Muerte no es una excepción.

La Verdad sobre el misterio de la muerte sólo puede ser conocida a través de la experiencia directa.

Resulta imposible comunicar la experiencia REAL de la muerte a quien no la conoce.

Cualquier poeta puede escribir bellos libros de AMOR, más resulta imposible comunicar la VERDAD sobre el AMOR a personas que jamás lo han experimentado, en forma semejante decimos que es imposible comunicar la verdad sobre la muerte a personas que no la han vivenciado.

Quien quiera saber la verdad sobre la muerte debe indagar, experimentar por sí mismo, buscar como es debido, sólo así podemos descubrir la honda significación de la muerte.

La observación y la experiencia de muchos años nos han permitido comprender que a las gentes no les interesa comprender realmente el hondo significado de la muerte; a las gentes lo único que realmente les interesa es continuar en el más allá y eso es todo.

Muchas personas desean continuar mediante los bienes materiales, el prestigio, la familia, las creencias, las ideas, los hijos, etc., y cuando comprenden que cualquier tipo de continuidad Psicológica es vano, pasajero, efímero, inestable, entonces sintiéndose sin garantías, inseguros, se espantan, se horrorizan, se llenan de infinito terror.

No quieren comprender las pobres gentes, no quieren entender que todo lo que continúa se desenvuelve en el tiempo.

No quieren comprender las pobres gentes que todo lo que continúa decae con el tiempo.

No quieren comprender las pobres gentes que todo lo que continúa se vuelve mecanicista, rutinario, aburridor.

Es urgente, es necesario, es indispensable, hacernos plenamente conscientes del hondo significado de la muerte, sólo así desaparece el temor a dejar de existir.

Observando cuidadosamente a la humanidad, podemos verificar que la mente se halla siempre embotellada en lo conocido y quiere que eso que es conocido continúe más allá del sepulcro.

La mente embotellada en lo conocido, jamás podrá experimentar lo desconocido, lo real, lo verdadero.

Sólo rompiendo la botella del tiempo mediante la correcta meditación, podemos experimentar lo ETERNO, lo ATEMPORAL, lo REAL.

Quienes deseen continuar temen a la muerte y sus creencias y teorías sólo les sirven de narcótico.

La muerte en sí misma nada tiene de aterrador, es algo muy hermoso, sublime, inefable, más la mente embotellada: en lo conocido, sólo se mueve dentro del círculo vicioso que va de la credulidad al escepticismo.

Cuando realmente nos hacemos plenamente conscientes del hondo y profundo significado de la muerte, descubrimos entonces por sí mismos mediante la experiencia directa, que la Vida y la Muerte constituyen un todo íntegro, uni-total.

La muerte es el depósito de la Vida. El sendero de la Vida está formado con las huellas de los cascos de la muerte.

La vida es Energía determinada y determinadora. Desde el nacimiento hasta la muerte fluyen dentro del organismo humano distintos tipos de energía.

El único tipo de energía que el organismo humano no puede resistir, es el RAYO DE LA MUERTE. Este rayo posee un voltaje eléctrico demasiado elevado. El organismo humano no puede resistir semejante voltaje.

Así como un rayo puede despedazar un árbol, así también el rayo de la muerte al fluir por el organismo humano, lo destruye inevitablemente.

El rayo de la muerte conecta al fenómeno muerte, con el fenómeno nacimiento.

El rayo de la muerte origina tensiones eléctricas muy íntimas y cierta nota clave que tiene el poder determinante de combinar los genes dentro del huevo fecundo.

El rayo de la muerte reduce el organismo humano a sus elementos fundamentales.

El EGO, el YO energético, continúa en nuestros descendientes desgraciadamente.

Lo que es la Verdad sobre la muerte, lo que es el intervalo entre muerte y concepción es algo que no pertenece al tiempo y que sólo mediante la ciencia de la meditación podemos experimentar.

Los Maestros y Maestras de Escuelas, Colegios y Universidades, deben enseñar a sus alumnos y alumnas, el camino que conduce a la experiencia de lo REAL, de lo VERDADERO.

CAPÍTULO XXX

EXPERIENCIA DE LO REAL

En el umbral solemne del templo de Delfos se hallaba una inscripción hierática cincelada en piedra viva que decía: "NOSCE TE IPSUM". Conócete a ti mismo y Conocerás al universo y a los Dioses.

La Ciencia trascendental de la Meditación tiene por piedra angular básica éste sagrado lema de los antiguos HIEROFANTES GRIEGOS.

Si de verdad y en forma muy sincera queremos nosotros establecer la base para la correcta meditación, es necesario comprendernos a sí mismos en todos los niveles de la mente.

Establecer la correcta base de la meditación es de hecho, estar libres de la ambición, el egoísmo, el miedo, el odio, la codicia de poderes psíquicos, el ansia de resultados, etc., etc., etc.

Es claro a todas luces y fuera de toda duda que después de establecer la PIEDRA ANGULAR BÁSICA de la meditación la mente queda quieta y en profundo e imponente silencio.

Desde el punto de vista rigurosamente lógico, resulta absurdo querer experimentar LO REAL sin conocernos a sí mismos.

Es urgente comprender en forma ÍNTEGRA y en todos los terrenos de la mente, cada problema conforme va surgiendo en la mente, cada deseo, cada recuerdo, cada defecto psicológico, etc.

Es claro a todas luces que, durante la práctica de meditación, van pasando por la pantalla de la mente en siniestra procesión, todos los defectos psicológicos que nos caracterizan, todas nuestras alegrías y tristezas, recuerdos innumerables, múltiples impulsos que provienen ya del mundo exterior, ya del mundo interior, deseos de todo tipo, pasiones de toda especie, viejos resentimientos, odios, etc.

Quien de verdad quiere establecer en su mente la piedra básica de la meditación, debe poner plena atención en estos valores positivos y negativos de nuestro entendimiento y comprenderlos en forma íntegra no solamente en el nivel meramente intelectual, sino también en todos los terrenos subconscientes, infra conscientes e inconscientes de la mente. Jamás debemos olvidar que la mente tiene muchos niveles.

El estudio de fondo de todos estos valores significa de hecho conocimiento de sí mismo.

Toda película en la pantalla de la mente tiene un principio y un fin. Cuando termina el desfile de formas, deseos, pasiones, ambiciones, recuerdos, etc., entonces la mente queda quieta y en profundo silencio, VACÍA de toda clase de pensamientos.

Los estudiantes modernos de Psicología necesitan experimentar el VACÍO ILUMINADOR. La irrupción del VACÍO dentro de nuestra propia mente permite experimentar, sentir, vivenciar un elemento que transforma, ese ELEMENTO es lo REAL.

Distíngase entre una mente que está quieta y una mente que está aquietada violentamente.

Distíngase entre una mente que está en silencio y una mente que está silenciada a la fuerza.

A la luz de cualquier deducción lógica tenemos que comprender que cuando la mente está aquietada violentamente, en el fondo y en otros niveles no está quieta y lucha por libertarse.

Desde el punto de vista analítico tenemos que comprender que cuando la mente está silenciada a la fuerza, en el fondo no está en silencio, grita y se desespera terriblemente.

La verdadera quietud y silencio natural y espontáneo de la mente, adviene a nosotros como una gracia, como una dicha, cuando termina la película muy íntima de nuestra propia existencia en la pantalla maravillosa del intelecto.

Sólo cuando la mente está natural y espontáneamente quieta, sólo cuando la mente sé encuentra en delicioso silencio, viene la irrupción del VACÍO ILUMINADOR.

EL VACÍO no es fácil de explicar. No es definible o descriptible, cualquier concepto que nosotros emitamos sobre él puede fallar en el punto principal.

El VACÍO no puede describirse o expresarse en palabras. Esto se debe a que el lenguaje humano ha sido creado principalmente para designar cosas, pensamientos y sentimientos existentes; no es adecuado para expresar en forma clara y específica, fenómenos, cosas y sentimientos NO EXISTENTES.

Tratar de discutir el VACÍO dentro de los límites de una lengua limitada por las formas de la existencia, realmente fuera de toda duda, resulta de hecho tonto y absolutamente equivocado.

"EL VACÍO es la NO-EXISTENCIA, y LA EXISTENCIA NO ES EL VACÍO".

"LA FORMA NO DIFIERE DEL VACÍO, Y EL VACÍO NO DIFIERE DE LA FORMA".

"LA FORMA ES VACÍO Y EL VACÍO ES FORMA, ES DEBIDO AL VACÍO QUE LAS COSAS EXISTEN".

"EL VACÍO Y LA EXISTENCIA COMPLEMENTAN ENTRE SÍ Y NO SE OPONEN". "EL VACÍO Y LA EXISTENCIA SE INCLUYEN Y SE ABRAZAN".

"CUANDO LOS SERES DE SENSIBILIDAD NORMAL VEN UN OBJETO, VEN SÓLO SU ASPECTO EXISTENTE, NO VEN SU ASPECTO VACÍO".

"Todo SER ILUMINADO puede ver simultáneamente el aspecto existente y VACÍO de cualquier cosa".

"EL VACÍO es sencillamente término que denota la naturaleza NO SUSTANCIAL y no PERSONAL de los seres, y una señal de indicación del estado de absoluto desprendimiento y libertad".

Los Maestros y Maestras de Escuelas, Colegios y Universidades deben estudiar a fondo nuestra Psicología Revolucionaria y luego enseñarles a sus estudiantes el camino que conduce a la experimentación de lo REAL.

Solo es posible llegar a la EXPERIENCIA DE LO REAL cuando el pensamiento ha terminado.

La irrupción del VACÍO nos permite experimentar la CLARA LUZ de PURA REALIDAD.

Ese CONOCIMIENTO PRESENTE en realidad VACÍO, sin característica y sin color, VACÍO DE NATURALEZA, es la VERDADERA REALIDAD, la BONDAD UNIVERSAL.

TU INTELIGENCIA cuya verdadera naturaleza es el VACÍO que no debe ser mirada como el VACÍO de la NADA sino como la INTELIGENCIA MISMA sin trabas, brillante, universal y feliz, es la CONCIENCIA, el BUDDHA Universalmente Sabio.

TU propia CONCIENCIA VACÍA y la INTELIGENCIA brillante y gozosa son inseparables. Su UNIÓN del DHARMAKAYA; EL ESTADO DE PERFECTA ILUMINACIÓN.

Tu propia CONCIENCIA BRILLANTE, VACÍA e inseparable del gran CUERPO DE ESPLENDOR, no tiene ni NACIMIENTO NI MUERTE y es la inmutable luz AMITHABA BUDDHA.

Este conocimiento basta. Reconocer el VACÍO de tu propia INTELIGENCIA como el ESTADO de BUDDHA y considerable como tu propia CONCIENCIA, es continuar en el ESPÍRITU DIVINO de BUDDHA.

Conserva tu INTELECTO sin distraerte durante la MEDITACIÓN, olvídate de que estáis en Meditación, no pienses que estáis meditando porque cuando se piensa que se medita, este pensamiento basta para turbar la meditación. TU mente debe quedar VACÍA para experimentar lo REAL.

Capítulo XXXI

Psicología Revolucionaria

Los Maestros y Maestras de Escuelas, Colegios y Universidades, deben estudiar profundamente la PSICOLOGÍA REVOLUCIONARIA que enseña el MOVIMIENTO GNÓSTICO INTERNACIONAL.

La PSICOLOGÍA de la REVOLUCIÓN en marcha es radicalmente diferente a todo cuanto antes se conoció con este nombre.

Fuera de toda duda, podemos decir sin temor a equivocarnos que en el curso de los siglos que nos han precedido, desde la noche profunda de todas las edades, jamás la PSICOLOGÍA había caído tan bajo como actualmente en esta época de "REBELDES SIN CAUSA" y caballeritos del ROCK.

La Psicología retardataria y reaccionaria de estos tiempos modernos para colmo de desgracias ha perdido lamentablemente su sentido de ser, y todo contacto directo con su verdadero origen.

En estos tiempos de Degeneración sexual y total deterioro de la mente, ya no solamente se hace imposible definir con entera exactitud el término PSICOLOGÍA sino además se desconocen verdaderamente las materias fundamentales de la Psicología.

Quienes suponen equivocadamente que la PSICOLOGÍA es una ciencia contemporánea de última hora, están realmente confundidos por que la PSICOLOGÍA es una ciencia antiquísima que tiene su origen en las viejas escuelas de los MISTERIOS ARCAICOS.

Al tipo del SNOB, al Bribón ultramoderno, al retardatario, le resulta imposible definir eso que se conoce como PSICOLOGÍA porque a excepción de esta época contemporánea, es obvio que la PSICOLOGÍA jamás existió bajo su propio nombre debido a que por tales o cuales motivos, siempre fue sospechosa de tendencias subversivas de carácter político o Religioso y por ello se vio en la necesidad de disfrazarse con múltiples ropajes.

Desde los antiguos tiempos, en los distintos escenarios del teatro de la vida, la PSICOLOGÍA representó siempre su papel, disfrazada inteligentemente con el ropaje de la filosofía.

A orillas del Ganges, en la India Sagrada de los VEDAS, desde la noche aterradora de los siglos, existen formas de YOGA que, en el fondo, vienen a ser pura PSICOLOGÍA EXPERIMENTAL, de altos vuelos.

Las siete YOGAS han sido descritas siempre como métodos, procedimientos, o sistemas filosóficos.

En el mundo árabe, las Sagradas enseñanzas de los SUFIS, en parte metafísicas, en parte Religiosas, son realmente de orden totalmente PSICOLÓGICO.

En la vieja Europa podrida hasta el tuétano de los huesos con tantas guerras, prejuicios raciales, religiosos, políticos, etc. todavía hasta finales del siglo pasado, la PSICOLOGÍA se disfrazó con el traje de la Filosofía para poder pasar desapercibida.

La Filosofía a pesar de todas sus divisiones y subdivisiones como son la Lógica, la Teoría del Conocimiento, la Ética, la Estética, etc., es fuera de toda duda en sí misma, AUTO-REFLEXIÓN EVIDENTE, COGNICIÓN MÍSTICA DEL SER, FUNCIONALISMO COGNOSCITIVO DE LA CONCIENCIA DESPIERTA.

El error de muchas ESCUELAS FILOSÓFICAS consiste en haber considerado a la Psicología como algo inferior a la FILOSOFÍA, como algo relacionado únicamente con los aspectos más bajos y hasta triviales de la naturaleza humana.

Un estudio comparativo de Religiones nos permite llegar a la conclusión lógica de que la CIENCIA DE LA PSICOLOGÍA siempre estuvo asociada en forma muy íntima a todos los PRINCIPIOS RELIGIOSOS. Cualquier estudio comparativo de Religiones viene a demostrarnos que, en la LITERATURA SAGRADA más ortodoxa de diversos países y diferentes épocas, existen maravillosos tesoros de la ciencia PSICOLÓGICA.

Investigaciones de fondo en el terreno del GNOSTICISMO nos permiten hallar esa maravillosa compilación de diversos autores Gnósticos que viene de los primeros tiempos del cristianismo y que se conoce bajo el título de PHILOKALIA, usada todavía en nuestros días en la IGLESIA ORIENTAL, especialmente para instrucción de los monjes.

Fuera de toda duda y sin el más mínimo temor a caer en engaños, podemos afirmar enfáticamente que la PHILOKALIA es esencialmente PURA PSICOLOGÍA EXPERIMENTAL.

En las ANTIGUAS ESCUELAS DE MISTERIOS de Grecia, Egipto, Roma, India, Persia, México, Perú, Asiría, Caldea, etc. etc. etc., la PSICOLOGÍA siempre estuvo ligada a la filosofía, al Arte objetivo Real, a la ciencia y a la Religión.

En los Antiguos tiempos la PSICOLOGÍA se ocultaba inteligentemente entre las formas graciosas de las Danzarinas Sagradas, o entre el enigma de los extraños Jeroglíficos o las bellas esculturas, o en la poesía, o en la tragedia y hasta en la música deliciosa de los templos.

Antes de que la Ciencia, la Filosofía, el Arte y la Religión se separaran para virar independientemente, la PSICOLOGÍA reinó soberana en todas las ANTIQUÍSIMAS ESCUELAS DE MISTERIOS.

Cuando los Colegios Iniciáticos se cerraron debido al KALI-YUGA, o EDAD NEGRA en que todavía estamos, la PSICOLOGÍA sobrevivió entre el simbolismo de las diversas ESCUELAS ESOTÉRICAS y SEUDO-ESOTÉRICAS del Mundo MODERNO y muy especialmente entre el ESOTERISMO GNÓSTICO.

Profundos análisis e investigaciones de fondo, nos permiten comprender con toda claridad meridiana que los distintos sistemas y doctrinas Psicológicas que existieron en el pasado y que existen en el presente, se pueden dividir en dos categorías:

Primera: Las doctrinas tal como muchos intelectuales las suponen. La Psicología moderna pertenece de hecho a esta categoría.

Segunda: Las doctrinas que estudian al hombre desde el punto de vista de la REVOLUCIÓN DE LA CONCIENCIA.

Estas últimas son en verdad las Doctrinas originales, las más antiguas, sólo ellas nos permiten comprender los orígenes vivientes de la Psicología y su profunda significación.

Cuando todos nosotros hayamos comprendido en forma íntegra y en todos los NIVELES DE LA MENTE, cuán importante es el estudio del hombre desde el nuevo punto de vista de la REVOLUCIÓN DE LA CONCIENCIA, entenderemos entonces que la Psicología es el estudio de los principios, leyes y hechos íntimamente relacionados con la TRANSFORMACIÓN RADICAL y definitiva del INDIVIDUO.

Es urgente que los Maestros y Maestras de Escuelas, Colegios y Universidades, comprendan en forma íntegra la hora CRÍTICA en que vivimos y el Catastrófico estado de desorientación Psicológica en que se encuentra la nueva Generación.

Es necesario encauzar a la "NUEVA OLA" por el camino de la REVOLUCIÓN DE LA CONCIENCIA y esto sólo es posible mediante la PSICOLOGÍA REVOLUCIONARIA de la EDUCACIÓN FUNDAMENTAL.

Capítulo XXXII

Rebeldía Psicológica

Quienes se han dedicado a viajar por todos los países del mundo con el propósito de estudiar en detalles a todas las razas humanas, han podido comprobar por sí mismos que la naturaleza de este pobre ANIMAL INTELECTUAL equivocadamente llamado hombre, es siempre la misma, ya sea en la vieja Europa o en el África cansada de tanta esclavitud, en la tierra sagrada de los Vedas o en las Indias Occidentales, en Austria o en la China.

Este hecho concreto, esta tremenda realidad que asombra a todo hombre estudioso, puede especialmente verificarse si el viajero visita Escuelas, Colegios y Universidades.

Hemos llegado a la época de producción en serie. Ahora todo se produce en cinta sucesiva y en gran escala. Series de Aviones, Carros, Mercancías de Lujo, etc., etc., etc.

Aunque resulte un poco grotesco, es muy cierto que las Escuelas Industriales, Universidades, etc. se han convertido también en fábricas intelectuales de producción en serie.

Por estos tiempos de producción en serie el único objetivo en la vida es encontrar seguridad económica. La gente le tiene miedo a todo y busca seguridad.

El pensamiento independiente por estos tiempos de producción en serie, se hace casi imposible porque el moderno tipo de Educación se basa en meras conveniencias.

"La Nueva Ola" vive muy conforme con esta mediocridad intelectual. Si alguien quiere ser diferente, distinto a los demás, todo el mundo lo descalifica, todo el mundo lo critica, se le hace el vacío, se le niega el trabajo, etc.

El deseo de conseguir el dinero para vivir y divertirse, la urgencia de alcanzar éxito en la vida, la búsqueda de seguridad, económica, el deseo de comprar muchas cosas para presumir ante los demás, etc., le marcan el alto al pensamiento puro, natural y espontáneo.

Se ha podido comprobar totalmente que el miedo embota la mente y endurece el corazón.

Por estos tiempos de tanto miedo y búsqueda de seguridad, las gentes se esconden en sus cuevas, en sus madrigueras, en su rincón, en el lugar donde creen que pueden tener más seguridad, menos problemas, y no quieren salir de allí, le tienen terror a la vida, miedo a las nuevas aventuras, a las nuevas experiencias, etc. etc. etc.

Toda esta tan CACAREADA educación moderna se basa en el miedo y la búsqueda de seguridad, la gente está espantada, le tiene miedo hasta a su propia sombra.

Las gentes, le tienen terror a todo, temen salir de las viejas normas establecidas, ser distintos a las otras gentes, pensar en forma revolucionaria, romper con todos los prejuicios de la Sociedad decadente, etc.

Afortunadamente viven en el mundo unos pocos sinceros y comprensivos, que de verdad desean examinar profundamente todos los problemas de la mente, pero en la gran mayoría de nosotros ni siquiera existe el espíritu de inconformidad y rebeldía.

Existen dos tipos de REBELDÍA que están ya debidamente clasificados. Primero: Rebeldía Psicológica violenta. Segundo: Rebeldía Psicológica profunda de la INTELIGENCIA.

El primer tipo de Rebeldía es reaccionario, conservador y retardatario. El segundo tipo de Rebeldía es REVOLUCIONARIO.

En el primer tipo de Rebeldía Psicológica encontramos al REFORMADOR que remienda trajes viejos y repara muros de viejos edificios para que no se derrumben, el tipo regresivo, el Revolucionario de sangre y aguardiente, el líder de los cuartelazos y golpes de Estados, el hombre de fusil al hombro, el Dictador que goza llevando al paredón a todos los que no acepten sus caprichos, sus teorías.

En el segundo tipo de Rebeldía Psicológica encontramos a BUDDHA, a JESÚS, a HERMES, al transformador, al REBELDE INTELIGENTE, al INTUITIVO, a los GRANDES paladines de la REVOLUCIÓN DE LA CONCIENCIA, etc., etc., etc.

Aquellos que sólo se educan con el absurdo propósito de escalar magníficas posiciones dentro de la colmena burocrática, subir, trepar al tope de la escalera, hacerse sentir, etc., carecen de verdadera profundidad, son Imbéciles por naturaleza, superficiales, huecos, ciento por ciento bribones.

Ya está comprobado hasta la saciedad que cuando en el ser humano no existe verdadera INTEGRACIÓN de pensamiento y sentimiento, aunque hayamos recibido una gran educación, la vida resulta incompleta, contradictoria, aburridora y atormentada por innumerables temores de todo tipo.

Fuera de toda duda y sin temor a equivocamos, podemos afirmar enfáticamente que, sin educación INTEGRAL, la vida resulta dañosa, inútil y perjudicial.

EL ANIMAL INTELECTUAL tiene un EGO INTERNO compuesto desgraciadamente por distantes ENTIDADES que se fortifican con la EDUCACIÓN EQUIVOCADA.

EL YO PLURALIZADO que cada uno de nosotros lleva dentro, es la causa fundamental de todos nuestros complejos y contradicciones.

LA EDUCACIÓN FUNDAMENTAL debe enseñar a las nuevas generaciones nuestra DIDÁCTICA Psicológica para la DISOLUCIÓN del YO.

Solo disolviéndose las varias entidades que en su conjunto constituyen el Ego (YO) podemos establecer en nosotros un centro permanente de conciencia individual, entonces seremos ÍNTEGROS.

Mientras exista dentro de cada uno de nosotros EL YO PLURALIZADO, no solamente nos amargaremos la vida a sí mismos, sino que también se la amargaremos a los demás.

¿De qué vale que estudiemos derecho y nos hagamos abogados, si perpetuamos los pleitos? ¿De qué vale acumular en nuestra mente muchos conocimientos, si nosotros continuamos confundidos? ¿De qué sirven las habilidades técnicas e industriales si las usamos para la destrucción de nuestros semejantes?

De nada sirve instruirnos, asistir a clases, estudiar, si en el proceso del diario vivir nos estamos destruyendo miserablemente los unos a los otros.

El objetivo de la educación no debe ser solamente producir cada año nuevos buscadores de empleos, nuevo tipo de bribones, nuevos patanes que ni siquiera saben respetar la Religión del prójimo, etc.

El verdadero objetivo de la EDUCACIÓN FUNDAMENTAL debe ser crear verdaderos hombres y mujeres INTEGRADOS y por lo tanto conscientes e inteligentes.

Desgraciadamente los Maestros y Maestras de Escuelas, Colegios y Universidades, en todo piensan, menos en despertar la INTELIGENCIA INTEGRAL de los EDUCANDOS.

Cualquier persona puede codiciar y adquirir títulos, condecoraciones, diplomas y hasta volverse muy eficiente en el terreno mecanicista de la vida, pero esto no significa ser INTELIGENTE.

La INTELIGENCIA no puede ser jamás mero funcionalismo mecánico, la INTELIGENCIA no puede ser el resultado de simple información libresca, la INTELIGENCIA no es capacidad para reaccionar automáticamente con palabras chispeantes ante cualquier reto. La INTELIGENCIA no es mera verbalización de la memoria. La INTELIGENCIA es la capacidad para recibir directamente la ESENCIA, lo REAL, lo que verdaderamente ES.

La EDUCACIÓN FUNDAMENTAL es la ciencia que nos permite despertar esta capacidad en nosotros mismos y en los demás.

La EDUCACIÓN FUNDAMENTAL ayuda a cada INDIVIDUO a descubrir los verdaderos VALORES que surgen como resultado de la investigación profunda y de la COMPRENSIÓN INTEGRAL de SÍ MISMO.

Cuando no existe en nosotros AUTO-CONOCIMIENTO, entonces la AUTO-EXPRESIÓN se convierte en AUTO-AFIRMACIÓN EGOÍSTA Y DESTRUCTIVA.

La EDUCACIÓN FUNDAMENTAL sólo se preocupa por despertar en cada individuo LA CAPACIDAD para comprenderse a sí mismo en todos los terrenos de la mente y no simplemente para entregarse a la complacencia de la AUTO-EXPRESIÓN equivocada del YO PLURALIZADO.

CAPÍTULO XXXIII

EVOLUCIÓN. INVOLUCIÓN, REVOLUCIÓN

En la práctica hemos podido verificar que tanto las ESCUELAS MATERIALISTAS como las ESCUELAS ESPIRITUALISTAS están completamente embotelladas en el DOGMA de la EVOLUCIÓN.

Las modernas opiniones sobre el origen del hombre y su pretérita EVOLUCIÓN, en el fondo son pura SOFISTERÍA BARATA, no resisten un estudio crítico profundo.

Muy a pesar de todas las teorías de DARWIN aceptadas como artículo de FE ciega por CARLOS MARX y su tan cacareado MATERIALISMO DIALÉCTICO, nada saben los científicos modernos sobre el origen del hombre, nada les consta, nada han experimentado en forma directa y carecen de pruebas específicas concretas, exactas, sobre la EVOLUCIÓN HUMANA.

Por el contrario, si tomamos la humanidad histórica, es decir, la de los últimos veinte mil o treinta mil años antes de Jesucristo, hallamos pruebas exactas, señales inconfundibles de un tipo superior de hombre, incomprensible para la gente moderna, y cuya presencia puede demostrarse por múltiples testimonios, viejos Jeroglíficos, antiquísimas Pirámides, exóticos monolitos, misteriosos papiros y diversos monumentos antiguos.

En cuanto al HOMBRE PREHISTÓRICO, a esas extrañas y misteriosas criaturas de aspecto tan parecido al ANIMAL INTELECTUAL y, sin embargo, tan distintas, tan diferentes, tan misteriosas y cuyos huesos ilustres se hallan escondidos profundamente a veces en yacimientos arcaicos del período Glacial o Preglaciar, nada saben los científicos modernos en forma exacta y por experiencia directa.

La CIENCIA GNÓSTICA enseña que el ANIMAL RACIONAL tal como lo conocemos, no es un SER PERFECTO, no es todavía HOMBRE en el sentido completo de la palabra; la naturaleza lo desarrolla hasta cierto punto y luego lo abandona dejándolo en completa libertad para proseguir su desarrollo o perder todas sus posibilidades y degenerarse.

Las LEYES de la EVOLUCIÓN y de la INVOLUCIÓN son el eje mecánico de toda la naturaleza y nada tienen que ver con la AUTORREALIZACIÓN ÍNTIMA del SER.

Dentro del ANIMAL INTELECTUAL existen tremendas posibilidades que pueden desarrollarse o perderse, no es una ley el que se desarrollen. La mecánica EVOLUTIVA no puede desarrollarlas.

El desarrollo de tales posibilidades latentes, sólo es posible en condiciones bien definidas y esto exige tremendos SUPER-ESFUERZOS individuales y una ayuda eficiente por parte de aquellos MAESTROS que ya hicieron en el pasado ese trabajo.

Quien quiera desarrollar todas sus posibilidades latentes para convertirse en hombre, debe entrar por el camino de la REVOLUCIÓN DE LA CONCIENCIA.

EL ANIMAL INTELECTUAL es el GRANO, la SEMILLA; de esa semilla puede nacer el ÁRBOL DE LA VIDA, el HOMBRE VERDADERO, aquel HOMBRE que estuvo buscando DIÓGENES con una lámpara encendida por las calles de ATENAS y al Medio día, y que desgraciadamente no pudo encontrar.

No es una LEY que este grano, que está semilla tan especial pueda desarrollarse, lo normal, lo natural, es que se pierda.

EL HOMBRE VERDADERO es tan distinto al ANIMAL INTELECTUAL, como el RAYO lo es a la nube.

Si el grano no muere la semilla no germina, es necesario, es urgente que muera el EGO, el YO, el MÍ MISMO, para que nazca el HOMBRE.

Los Maestros y Maestras de Escuelas, Colegios y Universidades, deben enseñar a sus alumnos el CAMINO de la ÉTICA REVOLUCIONARIA, sólo así es posible lograr la muerte del EGO.

Haciendo ÉNFASIS podemos afirmar que la REVOLUCIÓN DE LA CONCIENCIA no solamente es rara en este mundo, sino que cada vez se torna más rara y más rara.

La REVOLUCIÓN DE LA CONCIENCIA tiene tres factores perfectamente definidos: Primero, Morir; Segundo, Nacer; Tercero, Sacrificio por la humanidad. El orden de los factores no altera el producto.

MORIR es cuestión de ÉTICA REVOLUCIONARIA y DISOLUCIÓN del YO PSICOLÓGICO.

NACER es cuestión de TRANSMUTACIÓN SEXUAL, este asunto corresponde a la SEXOLOGÍA TRASCENDENTAL, quien quiera estudiar este tema, debe escribirnos y conocer nuestros libros Gnósticos.

SACRIFICIO por la humanidad es CARIDAD UNIVERSAL CONSCIENTE.

Si nosotros no deseamos la REVOLUCIÓN DE LA CONCIENCIA, si no hacemos tremendos SUPER-ESFUERZOS para desarrollar esas posibilidades latentes que nos llevan a la AUTORREALIZACIÓN ÍNTIMA, es claro que dichas posibilidades no se desarrollarán jamás.

Son muy raros los que se AUTORREALIZAN, los que se salvan y en ello no existe injusticia alguna, ¿por qué habría de tener el pobre ANIMAL INTELECTUAL lo que no desea?

Se necesita un cambio radical total y definitivo, pero no todos los seres quieren ese cambio, no lo desean, no lo saben y se les dice y no lo entienden, no lo comprenden, no les interesa. ¿Por qué habría de dárseles a la fuerza lo que no quieren?

La Verdad es que antes de adquirir el individuo NUEVAS FACULTADES o NUEVOS PODERES que no conoce ni remotamente y que aún no posee, debe adquirir facultades y poderes que equivocadamente creé tener, pero que en realidad no tiene.

CAPÍTULO XXXIV

EL INDIVIDUO ÍNTEGRO

La EDUCACIÓN FUNDAMENTAL en su verdadero sentido es la comprensión profunda de uno mismo; dentro de cada individuo se encuentran todas las leyes de la naturaleza.

Quien quiera conocer todas las maravillas de la naturaleza, debe estudiarlas dentro de sí mismo.

La falsa Educación sólo se preocupa por enriquecer el intelecto y eso lo puede hacer cualquiera. Es obvio que, con dinero, cualquiera puede darse el lujo de comprar libros.

No nos pronunciamos contra la cultura intelectual, sólo nos pronunciamos contra el desorbitado afán acumulativo mental.

La falsa educación intelectual sólo ofrece sutiles escapatorias para huir de sí mismo.

Todo hombre erudito, todo vicioso intelectual, dispone siempre de maravillosas evasivas que le permiten huir de sí mismo.

Del INTELECTUALISMO sin ESPIRITUALIDAD resultan los BRIBONES y éstos han llevado a la humanidad al CAOS y a la DESTRUCCIÓN.

La técnica jamás puede capacitarnos para conocernos a sí mismos en forma ÍNTEGRA, UNI-TOTAL.

Los Padres de familia mandan a sus hijos a la Escuela, al Colegio, a la Universidad, al Politécnico, etc., para que aprendan alguna técnica, para que tengan alguna profesión, para que puedan finalmente ganarse a vida.

Es obvio que necesitamos saber alguna técnica, tener una profesión, pero eso es secundario, lo primario, lo fundamental, es conocernos a sí mismos, saber quiénes somos, de dónde venimos, para dónde vamos, cuál es el objeto de nuestra existencia.

En la vida hay de todo, alegrías, tristezas, amor, pasión, gozo, dolor, belleza, fealdad, etc. y cuando sabemos vivirla intensamente, cuando la comprendemos en todos los NIVELES de la mente, encontramos nuestro lugar en la Sociedad, creamos nuestra propia técnica, nuestra forma particular de vivir, sentir y pensar, pero lo contrario es falso ciento por ciento, la técnica por sí misma, jamás puede originar la comprensión de fondo, la comprensión verdadera.

La Educación actual ha resultado un rotundo fracaso porque le da EXAGERADA importancia a la técnica, a la profesión, y es obvio que, al subrayar la técnica, convierte al hombre en autómata mecánico, destruye sus mejores posibilidades.

Cultivar la capacidad y la eficiencia sin la comprensión de la vida, sin el conocimiento de sí mismo, sin una percepción directa del proceso de MÍ MISMO, sin un estudio detenido del propio modo de pensar, sentir, desear y actuar, sólo servirá para aumentar nuestra propia crueldad, nuestro propio egoísmo, aquellos factores Psicológicos que producen guerra, hambre, miseria, dolor.

El desarrollo exclusivo de la técnica ha producido Mecánicos, Científicos, técnicos, físicos atómicos, vivisectores de los pobres animales, inventores de armas destructivas, etc., etc., etc.

Todos esos profesionales, todos esos inventores de Bombas Atómicas y Bombas de Hidrógeno, todos esos vivisectores que atormentan a las criaturas de la naturaleza, todos esos bribones, lo único para lo que realmente sirven, es para la guerra y la destrucción.

Nada saben todos esos bribones, nada entienden del proceso total de la vida en todas sus infinitas manifestaciones.

El progreso tecnológico general, sistemas de transportes, máquinas contadoras, alumbrado eléctrico, elevadores dentro de los edificios, cerebros electrónicos de toda especie, etc., resuelven millares de problemas que se procesan en el nivel superficial de la existencia, pero introducen en el individuo y en la sociedad, multitud de problemas más amplios y profundos.

Vivir exclusivamente en el NIVEL SUPERFICIAL sin tener en cuenta los distintos terrenos y regiones más profundas de la mente, significa de hecho atraer sobre nosotros y sobre nuestros hijos, miseria, llanto y desesperación.

La mayor necesidad, el problema más urgente de cada INDIVIDUO, de cada persona, es comprender la vida en su forma INTEGRAL, UNITOTAL, porque sólo así estamos en condiciones de poder resolver satisfactoriamente todos nuestros íntimos problemas particulares.

El conocimiento técnico por sí mismo no puede resolver jamás todos nuestros problemas Psicológicos, todos nuestros profundos complejos.

Si queremos ser HOMBRES de verdad, INDIVIDUOS ÍNTEGROS debemos AUTO-EXPLORARNOS PSICOLÓGICAMENTE, conocernos profundamente en todos los territorios del pensamiento, porque la TECNOLOGÍA fuera de toda duda, se convierte en un instrumento destructivo, cuando no COMPRENDEMOS de VERDAD todo el proceso total de la existencia, cuando no nos conocemos a sí mismos en forma ÍNTEGRA.

Si el ANIMAL INTELECTUAL amara de VERDAD, si se conociese a sí mismo, si hubiera comprendido el proceso total de la vida, jamás habría cometido el CRIMEN de FRACCIONAR el ÁTOMO.

Nuestro progreso técnico es fantástico, pero sólo ha logrado aumentar nuestro poder agresivo para destruirnos los unos a los otros y por doquiera reinan el terror, el hambre, la ignorancia y las enfermedades.

Ninguna profesión, ninguna técnica puede jamás darnos eso que se llama PLENITUD, FELICIDAD VERDADERA.

Cada cual en la vida sufre intensamente en su oficio, en su profesión, en su tren de vida rutinario, y las cosas y las ocupaciones se convierten en instrumentos de envidia, murmuración, odio, amargura.

El mundo de los médicos, el mundo de los artistas, de los ingenieros, de los abogados, etc., cada uno de esos mundos, está lleno de dolor, murmuraciones, competencia, envidia, etc.

Sin la comprensión de nosotros mismos la mera ocupación, oficio, o profesión, nos lleva al dolor y la búsqueda de evasivas. Algunos buscan escapatorias a través del alcohol, la cantina, la taberna, el cabaret, otros quieren escapar a través de las drogas, la morfina, la cocaína, la marihuana; y otros por medio de la lujuria y la degeneración sexual, etc. etc.

Cuando se quiere reducir toda la VIDA a una técnica, a una profesión, a un sistema para ganar dinero y más dinero, el resultado es el aburrimiento, el fastidio, y la búsqueda de evasivas.

Debemos convertirnos en INDIVIDUOS ÍNTEGROS, completos y eso sólo es posible conociéndonos a sí mismos y disolviendo el YO PSICOLÓGICO.

La EDUCACIÓN FUNDAMENTAL al mismo tiempo que estimula el aprendizaje de una técnica para ganarse la vida, debe realizar algo de mayor importancia, debe ayudar al hombre a experimentar, a sentir en todos sus aspectos y en todos los territorios de la mente, el proceso de la existencia.

Si alguien tiene algo que decir que lo diga y eso de decirlo es muy interesante porque así cada cual crea por sí mismo su propio estilo, pero aprende estilos ajenos sin haber experimentado directamente por sí mismos la vida en su forma ÍNTEGRA; sólo conduce a la superficialidad.

CAPÍTULO XXXV

EL HOMBRE MÁQUINA

EL HOMBRE MÁQUINA es la bestia más infeliz que existe en este valle de lágrimas, pero él tiene la PRETENSIÓN y hasta la INSOLENCIA de AUTO-TITULARSE REY DE LA NATURALEZA.

"NOSCE TE IPSUM" "HOMBRE CONÓCETE A TI MISMO". Esta es una antigua MÁXIMA de ORO escrita sobre los muros invictos del templo de Delfos en la ANTIGUA GRECIA.

El hombre, ese pobre ANIMAL INTELECTUAL que se califica equivocadamente de HOMBRE, ha inventado millares de máquinas complicadísimas y difíciles y sabe muy bien que para poder servirse de una MÁQUINA, necesita a veces de largos años de estudio y aprendizaje, pero en cuanto se trata de SÍ MISMO se olvida totalmente de este hecho, aunque él mismo sea una máquina más complicada que todas las que ha inventado.

No hay hombre que no esté lleno de ideas totalmente falsas sobre sí mismo, lo más grave es que no quiere darse cuenta de que realmente es una máquina.

La máquina humana no tiene libertad de movimientos, funciona únicamente por múltiples y variadas influencias interiores y choques exteriores.

Todos los movimientos, actos, palabras, ideas, emociones, sentimientos, deseos de la máquina humana, son provocados por influencias exteriores y por múltiples causas interiores extrañas y difíciles.

EL ANIMAL INTELECTUAL es un pobre títere parlante con memoria y vitalidad, un muñeco viviente, que tiene la tonta ilusión, de que puede HACER, cuando en realidad de verdad nada puede HACER.

Imaginad por un momento, querido lector, un muñeco mecánico automático controlado por un complejo mecanismo.

Imaginad que ese muñeco tiene vida, se enamora, habla, camina, desea, hace guerras, etc.

Imaginad que ese muñeco puede cambiar de dueños a cada momento. Debéis imaginar que cada dueño es una persona distinta, tiene su propio criterio, su propia forma de divertirse, sentir, vivir, etc., etc., etc.

Un dueño cualquiera queriendo conseguir dinero apretará ciertos botones y entonces el muñeco se dedicará a los negocios, otro dueño, media hora después o varias horas después, tendrá una idea diferente y pondrá a su muñeco a bailar y a reír, un tercero lo pondrá a pelear, un cuarto lo hará enamorar de una mujer, un quinto lo hará enamorar de otra, un sexto lo hará pelearse con un vecino y crearse un problema de policía, y un séptimo le hará cambiar de domicilio.

Realmente el muñeco de nuestro ejemplo no ha hecho nada, pero él cree que, si ha hecho, él tiene la ilusión de que HACE cuando en realidad de verdad nada puede HACER porque no tiene el SER INDIVIDUAL.

Fuera de toda duda todo se ha sucedido como cuando llueve, cuando truena, cuando calienta el sol, pero el pobre muñeco cree que HACE; tiene la tonta ILUSIÓN de que todo lo ha hecho cuando en realidad nada ha hecho, son sus respectivos dueños los que se han divertido con el pobre muñeco mecánico.

Así es el pobre animal intelectual querido lector, un muñeco mecánico como el de nuestro ejemplo ilustrativo, cree que HACE cuando en realidad nada HACE, es un títere de carne y hueso controlado por LEGIÓN DE ENTIDADES ENERGÉTICAS SUTILES que en su conjunto constituyen eso que se llama EGO, YO PLURALIZADO.

EL EVANGELIO CRISTIANO califica a todas esas entidades DEMONIOS y su verdadero nombre es LEGIÓN.

Si decimos que el YO es legión de DEMONIOS que controlan la máquina humana, no estamos exagerando, así es.

EL HOMBRE-MÁQUINA no tiene INDIVIDUALIDAD alguna, no posee el SER, sólo el SER VERDADERO tiene el PODER DE HACER.

SOLO el SER puede darnos VERDADERA INDIVIDUALIDAD, sólo el SER nos convierte en HOMBRES VERDADEROS.

Quien de verdad quiere dejar de ser un simple muñeco mecánico, debe eliminar cada una de esas entidades que en su conjunto constituyen el YO. Cada una de esas ENTIDADES que juegan con la máquina humana. Quien de verdad quiere dejar de ser un simple muñeco mecánico, tiene que empezar por admitir y comprender su propia mecanicidad.

Aquel que no quiere comprender ni aceptar su propia mecanicidad, aquel que no quiere entender correctamente este hecho, ya no puede cambiar, es un infeliz, un desgraciado, más le valiera colgarse al cuello una piedra de molino y arrojarse al fondo del mar.

EL ANIMAL INTELECTUAL es una máquina, pero una máquina muy especial, si esta máquina llega a comprender que es MÁQUINA, si es bien conducida y si las circunstancias lo permiten, puede dejar de ser máquina y convertirse en HOMBRE.

Ante todo, es urgente empezar por comprender a fondo y en todos los niveles de la mente, que no tenemos individualidad verdadera, que no tenemos un CENTRO PERMANENTE DE CONCIENCIA, que en un momento determinado somos una persona y en otro, otra; todo depende de la ENTIDAD que controle la situación en cualquier instante.

Aquello que origina la ILUSIÓN de la UNIDAD e INTEGRIDAD del ANIMAL INTELECTUAL es por una parte la sensación que tiene su CUERPO FÍSICO, por otra parte, su nombre y apellidos y por último la memoria y cierto número de hábitos mecánicos implantados en él por la EDUCACIÓN, o adquiridos por simple y tonta imitación.

El pobre ANIMAL INTELECTUAL no podrá dejar de SER MÁQUINA, no podrá cambiar, no podrá adquirir el SER INDIVIDUAL VERDADERO y convertirse en hombre legítimo, mientras NO tenga el valor de ELIMINAR MEDIANTE LA COMPRENSIÓN DE FONDO y en orden sucesivo, a cada una de esas entidades METAFÍSICAS que en su conjunto constituyen eso que se llama EGO, YO, MÍ MISMO.

Cada IDEA, cada PASIÓN, cada vicio, cada AFECTO, cada ODIO, cada deseo, etc., etc., etc. tiene su correspondiente ENTIDAD y el conjunto de todas esas ENTIDADES es el YO PLURALIZADO de la PSICOLOGÍA REVOLUCIONARIA.

Todas esas ENTIDADES METAFÍSICAS, todos esos YOES que en su conjunto constituyen el EGO, no tienen verdadera ligazón entre sí, no tienen coordenadas de ningún tipo. Cada una de esas ENTIDADES depende totalmente de las circunstancias, cambio de impresiones, sucesos, etc.

La PANTALLA DE LA MENTE cambia de colores y escenas a cada instante, todo depende de la ENTIDAD que en cualquier instante controle la mente.

Por la PANTALLA de la mente van pasando en continua procesión de las distintas ENTIDADES que en su conjunto constituyen el EGO o YO PSICOLÓGICO.

Las diversas ENTIDADES que constituyen el YO PLURALIZADO se asocian, se disocian, forman ciertos grupos especiales de acuerdo con sus afinidades, riñen entre sí, discuten, se desconocen, etc., etc., etc...

Cada ENTIDAD de la LEGIÓN llamada YO, cada pequeño YO, cree ser el todo, el EGO TOTAL, ni remotamente sospecha que él es tan sólo una ínfima parte.

La ENTIDAD que hoy jura amor eterno a una mujer, es desplazada más tarde por otra ENTIDAD que nada tiene que ver con tal juramento y entonces el castillo de naipes se va al suelo y la pobre mujer llora decepcionada.

La ENTIDAD que hoy jura fidelidad a una causa, es desplazada mañana por otra ENTIDAD que nada tiene que ver con tal causa y entonces el sujeto se retira.

La ENTIDAD que hoy jura fidelidad a la GNOSIS, es desplazada mañana por otra ENTIDAD que odia a la GNOSIS.

Los Maestros y Maestras de Escuelas, Colegios y Universidades, deben estudiar este libro de EDUCACIÓN FUNDAMENTAL y por humanidad tener el valor de orientar a los alumnos y alumnas por el camino maravilloso de la REVOLUCIÓN DE LA CONCIENCIA.

Es necesario que los alumnos comprendan la necesidad de conocerse a sí mismos en todos los terrenos de la mente.

Se necesita una orientación intelectual más eficiente, se necesita comprender lo que somos y esto se debe comenzar desde los mismos bancos de la Escuela.

No negamos que el dinero se necesita para comer, pagar el alquiler de la casa y vestirnos.

No negamos que se necesita preparación intelectual, una profesión, una técnica para ganar dinero, pero eso no es todo, eso es lo secundario.

Lo primero, lo fundamental, es saber quiénes somos, qué somos, de dónde venimos, para dónde vamos, cuál es el objeto de nuestra existencia.

Es lamentable continuar como muñecos automáticos, míseros mortales, hombres-máquinas.

Es urgente dejar de ser meras máquinas, es urgente convertirnos en HOMBRES VERDADEROS.

Se necesita un cambio radical y este debe comenzar precisamente por la ELIMINACIÓN de cada una de esas ENTIDADES que en conjunto constituyen el YO PLURALIZADO.

EL pobre ANIMAL INTELECTUAL no es HOMBRE, pero tiene dentro de sí en estado latente, todas las posibilidades para convertirse en HOMBRE.

NO es una ley que esas posibilidades se desarrollen, lo más natural es que se pierdan. SOLO mediante tremendos SUPER-ESFUERZOS pueden desarrollarse tales posibilidades humanas.

Mucho tenemos que eliminar y mucho tenemos que adquirir. Se hace necesario hacer un inventario para saber cuánto nos sobra y cuánto nos falta. Es claro que el YO PLURALIZADO sale sobrando, es algo inútil y perjudicial.

ES LÓGICO decir que tenemos que desarrollar ciertos poderes, ciertas facultades, ciertas capacidades que el HOMBRE-MÁQUINA se atribuye y cree tener pero que en realidad de verdad NO-TIENE.

EL HOMBRE-MÁQUINA cree que tiene verdadera INDIVIDUALIDAD, CONCIENCIA DESPIERTA, VOLUNTAD CONSCIENTE, PODER DE HACER, etc. y nada de eso tiene.

Si queremos dejar de ser máquinas, si queremos despertar CONCIENCIA, tener verdadera VOLUNTAD CONSCIENTE, INDIVIDUALIDAD, capacidad de HACER, es urgente empezar por conocernos a sí mismos y luego disolver el YO PSICOLÓGICO.

Cuando el YO PLURALIZADO se disuelve sólo queda dentro de nosotros el SER VERDADERO.

CAPÍTULO XXXVI

PADRES Y MAESTROS

E l problema más grave de la EDUCACIÓN PÚBLICA no son los alumnos ni las alumnas de primaria, secundaria o bachillerato, sino los PADRES y los MAESTROS.

Si los Padres y Maestros no se conocen a sí mismos, si no son capaces de comprender al niño, a la niña, si no saben entender a fondo sus relaciones con estas criaturas que comienzan a vivir, si sólo se preocupan por cultivar el intelecto de sus educandos, ¿cómo podremos crear una nueva clase de educación?

El niño, el alumno, la alumna, va a la Escuela a recibir orientación consciente, pero si los Maestros, las Maestras, son de criterio estrecho, conservadores, reaccionarios, retardatarios, así será el estudiante, la estudiante.

Los Educadores deben reeducarse, conocerse a sí mismos, revisar todos sus conocimientos, comprender que estamos entrando en una Nueva Era. Transformándose los educadores, se transforma la educación pública.

EDUCAR al EDUCADOR es lo más difícil porque todo aquel que ha leído mucho, todo aquel que tiene título, todo aquel que tiene que enseñar, que trabaja como maestro de Escuela, ya es como es, su mente está embotellada en las cincuenta mil teorías que ha estudiado y ya no cambia ni a cañonazos.

Los Maestros y Maestras debieran enseñar CÓMO PENSAR, más desgraciadamente sólo se preocupan por enseñarles EN QUÉ DEBEN PENSAR.

Padres y Maestros viven llenos de terribles preocupaciones económicas, sociales, sentimentales, etc.

Padres y Maestros están mayormente ocupados con sus propios conflictos y penas, no están de verdad seriamente interesados en estudiar y resolver los problemas que plantean los muchachos y muchachas de la "NUEVA OLA".

Existe tremenda degeneración mental, moral y social, pero los padres y los Maestros están llenos de ansiedades y preocupaciones personales y sólo tienen tiempo para pensar en el aspecto económico de los hijos, en darles una profesión para que no se mueran de hambre y eso es todo.

Contrario a la creencia general, la mayoría de los padres de familia no aman a sus hijos verdaderamente, si los amaran, lucharían por el bienestar común, se preocuparían por los problemas de la EDUCACIÓN PÚBLICA con el propósito de lograr un cambio verdadero.

Si los Padres de familia amaran de verdad a sus hijos, no habría guerras, no destacarían tanto la familia y la nación en oposición a la totalidad del mundo, porque esto crea problemas, guerras, divisiones perjudiciales, ambiente infernal para nuestros hijos e hijas.

La gente estudia, se prepara para ser médicos, ingenieros, abogados, etc. y en cambio no se prepara para la tarea más grave y más difícil cual es la de ser Padres de familia.

Ese egoísmo de familia, esa falta de amor a nuestros semejantes, esa política de aislamiento familiar, es absurda en un ciento por ciento, porque se convierte en un factor de deterioro y constante degeneración social.

El progreso, la Revolución verdadera, sólo son posibles derrumbando esas famosas murallas chinas que nos separan, que nos aíslan del resto del mundo.

Todos nosotros somos una SOLA FAMILIA y es absurdo torturarnos los unos a los otros, considerar únicamente como familia las pocas personas que conviven con nosotros, etc.

El exclusivismo EGOÍSTA DE FAMILIA detiene el progreso social, divide a los seres humanos, crea guerras, castas, privilegiadas, problemas económicos, etc.

Cuando los Padres de familia amen de verdad a sus hijos, caerán hechos polvo las paredes, las bardas abominables del aislamiento, y entonces la familia dejará de ser un círculo egoísta y absurdo.

Cayendo los muros egoístas de familia, existe entonces comunión fraternal con todos los otros padres y madres de familia, con los Maestros y Maestras, con toda la sociedad.

El resultado de la FRATERNIDAD VERDADERA, es la VERDADERA TRANSFORMACIÓN SOCIAL, la auténtica REVOLUCIÓN del ramo EDUCACIONAL para un mundo mejor.

EL EDUCADOR debe ser más consciente, debe reunir a los Padres y Madres de familia, a la junta Directiva de Padres de Familia, y hablarles claro.

Es necesario que los Padres de familia comprendan que la tarea de educación pública se realiza sobre la base firme de la mutua cooperación entre Padres de Familia y Maestros.

Es necesario decirle a los Padres de familia que la EDUCACIÓN FUNDAMENTAL es necesaria para levantar a las nuevas Generaciones.

Es indispensable decirle a los Padres de familia que la formación intelectual es necesaria pero que no es todo, se necesita algo más, se necesita enseñarle a los muchachos y muchachas a conocerse a sí mismos, a conocer sus propios errores, sus propios defectos Psicológicos.

Hay que decirles a los Padres de familia que los hijos se deben engendrar por AMOR y no por PASIÓN ANIMAL.

Resulta cruel y despiadado proyectar nuestros deseos animales, nuestras violentas pasiones sexuales, nuestros sentimentalismos morbosos y emociones bestiales en nuestros descendientes.

Los Hijos e Hijas son nuestras propias proyecciones y es criminal infectar el Mundo con proyecciones bestiales.

Los Maestros y Maestras de Escuelas, Colegios y Universidades, deben reunir en el salón de actos a los Padres y Madres de familia con el sano propósito de enseñarles el camino de la responsabilidad moral para con sus hijos y para con la Sociedad y el Mundo.

Los EDUCADORES tienen el deber de REEDUCARSE a sí mismos y orientar a los Padres y Madres de familia.

Necesitamos amar verdaderamente para transformar el mundo. Necesitamos unirnos para levantar entre todos nosotros, el Templo maravilloso de la Nueva Era que en estos momentos se está iniciando entre el augusto tronar del pensamiento.

CAPÍTULO XXXVII

LA CONCIENCIA

Las gentes confunden a la CONCIENCIA con la INTELIGENCIA o con el INTELECTO, y a la persona muy inteligente o muy intelectual, le dan el calificativo de muy consciente.

Nosotros afirmamos que la CONCIENCIA en el hombre es fuera de toda duda y sin temor a engañarnos, una especie muy particular de APREHENSIÓN DE CONOCIMIENTO INTERIOR totalmente independiente de toda actividad mental.

La facultad de la CONCIENCIA nos permite el conocimiento de SÍ MISMOS.

La CONCIENCIA nos da conocimiento íntegro de lo que ES, de donde está, de lo que realmente se sabe, de lo que ciertamente se ignora.

La PSICOLOGÍA REVOLUCIONARIA enseña que sólo el hombre mismo puede llegar a conocerse a sí mismo.

Solo nosotros podemos saber si somos conscientes en un momento dado o no. Sólo uno mismo puede saber de su propia conciencia y si esta existe en un momento dado o no.

El hombre mismo y nadie más que él, puede darse cuenta por un instante, por un momento de que antes de ese instante, antes de ese momento, realmente no era consciente, tenía su conciencia muy dormida, después olvidará esa experiencia o la conservará como un recuerdo, como el recuerdo de una fuerte experiencia.

Es urgente saber que la CONCIENCIA en el ANIMAL RACIONAL no es algo continuo, permanente.

Normalmente la CONCIENCIA en el ANIMAL INTELECTUAL llamado hombre, duerme profundamente.

Raros, muy raros son los momentos en que la CONCIENCIA está despierta; el animal intelectual trabaja, maneja carros, se casa, se muere, etc. con la conciencia totalmente dormida, y sólo en momentos muy excepcionales despierta.

La vida del ser humano es una vida de sueño, pero él cree que está despierto y jamás admitiría que está soñando, que tiene la conciencia dormida.

Si alguien llegara a despertar, se sentiría espantosamente avergonzado consigo mismo, comprendería de inmediato su payasada, su ridiculez.

Esta vida es espantosamente ridícula, horriblemente trágica y rara vez sublime.

Si un boxeador llegara a despertar de inmediato en plena pelea, miraría avergonzado a todo el honorable público y huiría del horrible espectáculo, ante el asombro de las dormidas e inconscientes multitudes.

Cuando el ser humano admite que tiene la CONCIENCIA DORMIDA, podéis estar seguros de que ya comienza a despertar.

Las Escuelas reaccionarias de Psicología anticuada que niegan la existencia de la CONCIENCIA y hasta la inutilidad de tal término, acusan el estado de sueño más profundo. Los secuaces de tales Escuelas duermen muy profundamente en un estado prácticamente infra consciente e inconsciente.

Quienes confunden a la conciencia con las funciones Psicológicas; pensamientos, sentimientos, impulsos motrices y sensaciones, realmente están muy inconscientes, duermen profundamente.

Quienes admiten la existencia de la CONCIENCIA, pero niegan de plano los distintos grados concientivos, acusan falta de experiencia consciente, sueño de la conciencia.

Toda persona que por alguna vez haya despertado momentáneamente, sabe muy bien por experiencia propia que existen distintos grados de conciencia observables en uno mismo.

- Primero: **TIEMPO**. ¿Cuánto tiempo permanecimos conscientes?
- Segundo: **FRECUENCIA**. ¿Cuántas veces hemos despertado conciencia?

– Tercero: **AMPLITUD Y PENETRACIÓN**. ¿De qué se era consciente?

La PSICOLOGÍA REVOLUCIONARIA y la antigua PHILOKALIA afirman que mediante grandes SUPER-ESFUERZOS de tipo muy especial se puede despertar conciencia y hacerla continua y controlable.

La EDUCACIÓN FUNDAMENTAL tiene por objeto despertar CONCIENCIA. De nada sirven diez o quince años de estudios en la Escuela, el Colegio y la Universidad, si al salir de las aulas somos autómatas dormidos.

No es exageración afirmar que mediante algún gran ESFUERZO puede el ANIMAL INTELECTUAL ser consciente de sí mismo tan solo por un par de minutos.

Es claro que en esto suelen haber hoy raras excepciones que tenemos que buscar con la linterna de Diógenes, esos casos raros están representados por los HOMBRES VERDADEROS, BUDDHA, JESÚS, HERMES, QUETZALCÓATL, etc.

Estos fundadores de RELIGIONES poseyeron CONCIENCIA CONTINUA, fueron grandes ILUMINADOS. Normalmente las gentes NO son conscientes de sí mismas. La ilusión de ser conscientes en forma continua, nace de la memoria y de todos los procesos del pensamiento.

El hombre que práctica un ejercicio retrospectivo para recordar toda su vida, puede en verdad rememorar, recordar cuántas veces se casó, cuántos hijos engendró, quienes fueron sus padres, sus Maestros, etc., pero esto no significa despertar conciencia, esto es sencillamente recordar actos inconscientes y eso es todo.

Es necesario repetir lo que ya dijimos en precedentes capítulos. Existen cuatro estados de CONCIENCIA. Estos son: SUEÑO, estado de VIGILIA, AUTO-Conciencia y CONCIENCIA OBJETIVA.

El pobre ANIMAL INTELECTUAL equivocadamente llamado HOMBRE, sólo vive en dos de esos estados. Una parte de su vida transcurre en el sueño y la otra en el mal llamado ESTADO DE VIGILIA, el cual también es sueño.

El hombre que duerme y está soñando, cree que despierta por el hecho de regresar al estado de vigilia, pero en realidad durante este estado de vigilia continúa soñando.

Esto es semejante al amanecer, se ocultan las estrellas debido a la luz solar, pero ellas continúan existiendo, aunque los ojos físicos no las perciban.

En la vida normal común y corriente el ser humano nada sabe de la AUTO-CONCIENCIA y mucho menos de la CONCIENCIA OBJETIVA.

Sin embargo, la gente es orgullosa y todo el mundo se cree AUTO-CONSCIENTE; el ANIMAL INTELECTUAL cree firmemente que tiene conciencia de sí mismo y de ninguna manera aceptaría que se le dijese que es un dormido y que vive inconsciente de sí mismo.

Existen momentos excepcionales en que el ANIMAL INTELECTUAL despierta, pero esos momentos son muy raros, pueden representarse en un instante de peligro supremo, durante una intensa emoción, en alguna nueva circunstancia, en alguna nueva situación inesperada, etc.

Es verdaderamente una desgracia que el pobre ANIMAL INTELECTUAL no tenga ningún dominio sobre esos estados fugaces de conciencia, que no pueda evocarlos, que no pueda hacerlos continuos.

Sin embargo, la EDUCACIÓN FUNDAMENTAL afirma que el hombre puede LOGRAR el control de la CONCIENCIA y adquirir AUTO-CONCIENCIA.

La PSICOLOGÍA REVOLUCIONARIA tiene métodos, procedimientos científicos para DESPERTAR CONCIENCIA.

Si queremos DESPERTAR CONCIENCIA necesitamos empezar por examinar, estudiar y luego eliminar todos los obstáculos que se nos presentan en el camino, en este libro hemos enseñado el camino para despertar CONCIENCIA, empezando desde los mismos bancos de la Escuela.

SAMAEL AUN WEOR

Samael Aun Weor

El **V.M Samael Aun Weor** es el fundador de AGEACAC (Asociación Gnóstica de Estudios Antropológicos y Culturales, A.C.) y del Movimiento Gnóstico Internacional.

Él dejó una gran enseñanza en donde se sintetiza el camino que ha de seguir el hombre para llegar al completo despertar de su conciencia y a su autorrealización. El V.M. Samael fue antropólogo, sociólogo, guía espiritual y autor de sobre 70 libros e impartió más de 300 conferencias.

Él dedicó su vida a profundizar sobre las grandes verdades que las diversas civilizaciones han legado a la humanidad en diversas formas de manifestación: filosofía, religión, arte y ciencia.

GnosticLibrary.org

La Librería Gnóstica fue creada con el propósito de compilar una colección completa de todos los conocimientos antiguos que en algún momento estuvieron disponibles y así preservarlos para futuras generaciones.

¿No encuentra el LIBRO que está buscando?

Contáctenos en el siguiente URL

GNOSTICLIBRARY.ORG

Nuestros editores están disponibles

para ayudarle a crear

los libros perfectos para su colección.

Made in the USA
Monee, IL
31 March 2024

56061787R00105